KAKEOPPSKRIFTER

2022

DEILIGE OPPSKRIFTER AV TRADISJONEN FOR Å OVERRASKE FAMILIEN DIN

IBEN HAUGEN

Innholdsfortegnelse

7

Jordbærmousse Gâteau

Gjør en 23 cm/9 i kake

Til kaken:
100 g/4 oz/1 kopp selvhevende (selvhevende) mel

100 g/4 oz/½ kopp smør eller margarin, myknet

100 g/4 oz/½ kopp strøsukker (superfint).

2 egg

Til moussen:
15 ml/1 ss pulverisert gelatin

30 ml/2 ss vann

450 g/1 lb jordbær

3 egg, separert

75 g/3 oz/1/3 kopp strøsukker (superfint).

5 ml/1 ts sitronsaft

300 ml/½ pt/1¼ kopper dobbel (tung) krem

30 ml/2 ss mandler i flak, lett ristet

Pisk sammen kakeingrediensene til en jevn masse. Hell i en smurt og foret 23 cm/9 kakeform (form) og stek i en forvarmet ovn ved 190°C/375°F/gassmerke 5 i 25 minutter til den er gyldenbrun og fast å ta på. Ta ut av formen og la avkjøle.

For å lage moussen, dryss gelatinen over vannet i en bolle og la til det er svampaktig. Sett bollen i en panne med varmt vann og la den stå til den er oppløst. La avkjøle litt. I mellomtiden purerer du 350 g/12 oz av jordbærene, og gni deretter gjennom en sil (sil) for å kassere kjernene. Pisk eggeplommene og sukkeret til det er blekt og tykt og blandingen går av vispen i bånd. Rør inn puré, sitronsaft og gelatin. Pisk fløten til den er stiv, vend deretter halvparten inn i blandingen. Med en ren visp og bolle, visp eggehvitene til de er stive, og vend deretter inn i blandingen.

Skjær svampen i to horisontalt og legg den ene halvdelen i bunnen av en ren kakeform (form) dekket med plastfolie (plastfolie). Skjær de resterende jordbærene i skiver og legg over svampen, topp med den smaksatte kremen og til slutt det andre kakelaget. Trykk veldig forsiktig ned. Avkjøl til stivnet.

For å servere, snu gâteauen over på et serveringsfat og fjern klamfilmen (plastfolien). Pynt med resten av kremen og pynt med mandlene.

Julelogg

Lager en

3 egg

100 g/4 oz/½ kopp strøsukker (superfint).

100 g/4 oz/1 kopp vanlig (all-purpose) mel

50 g/2 oz/½ kopp vanlig (halvsøt) sjokolade, revet

15 ml/1 ss varmt vann

Rørsukker (superfint) til å rulle

For glasuren (frosting):
175 g/6 oz/¾ kopp smør eller margarin, myknet

350 g/12 oz/2 kopper melis (konditorsukker), siktet

30 ml/2 ss varmt vann

30 ml/2 ss kakao (usøtet sjokolade) pulver For å dekorere:

Kristtornblader og robin (valgfritt)

Pisk sammen egg og sukker i en varmefast bolle over en panne med lett kokende vann. Fortsett å piske til blandingen er stiv og går av vispen i bånd. Fjern fra varmen og pisk til det er avkjølt. Vend inn halvparten av melet, deretter sjokoladen, deretter resten av melet, og rør deretter inn vannet. Hell i en smurt og kledd svissrullform (gelérullform) og stek i en forvarmet ovn ved 220°C/425°F/gassmerke 7 i ca. 10 minutter til den er fast å ta på. Dryss et stort ark med smørefast (vokset) papir med melis. Vend kaken ut av formen på papiret og skjær til kantene. Dekk med et annet ark papir og rull sammen løst fra kortsiden.

For å lage glasuren, fløt sammen smør eller margarin og melis, pisk deretter inn vann og kakao. Rull ut den kalde kaken, fjern papiret og smør kaken med halve glasuren. Rull den sammen igjen, is deretter med den resterende glasuren, merk den med en gaffel for å se ut som en stokk. Sikt litt melis over toppen og pynt etter ønske.

Påskepannekake

Gjør en 20 cm/8 i kake

75 g/3 oz/1/3 kopp muscovadosukker

3 egg

75 g/3 oz/¾ kopp selvhevende (selvhevende) mel

15 ml/1 ss kakaopulver (usøtet sjokolade).

15 ml/1 ss varmt vann

For fyllet:
50 g/2 oz/¼ kopp smør eller margarin, myknet

75 g/3 oz/½ kopp melis (konditorsukker), siktet

For toppingen:
100 g/4 oz/1 kopp vanlig (halvsøt) sjokolade

25 g/1 oz/2 ss smør eller margarin

Bånd eller sukkerblomster (valgfritt)

Pisk sammen sukker og egg i en varmefast bolle satt over en panne med lett kokende vann. Fortsett å piske til blandingen er tykk og kremet. La stå i noen minutter, ta deretter av varmen og pisk igjen til blandingen etterlater et spor når visp fjernes. Bland inn mel og kakao, og rør deretter inn vannet. Hell blandingen i en smurt og kledd 20 cm/8 i kakeform (form) og en smurt og kledd 15 cm/ 6 i kakeform. Stek i en forvarmet ovn ved 200°C/400°F/gassmerke 6 i 15–20 minutter til den er godt hevet og fast å ta på. La avkjøle på rist.

For å lage fyllet, fløt sammen margarin og melis. Bruk til å legge den mindre kaken på toppen av den større.

For å lage toppingen smelter du sjokoladen og smøret eller margarinen i en varmefast bolle over en panne med lett kokende vann. Hell toppingen over kaken og fordel med en kniv dyppet i varmt vann slik at den blir helt dekket. Pynt rundt kanten med et bånd eller sukkerblomster.

Påske Simnel kake

Gjør en 20 cm/8 i kake

225 g/8 oz/1 kopp smør eller margarin, myknet

225 g/8 oz/1 kopp mykt brunt sukker

Revet skall av 1 sitron

4 egg, pisket

225 g/8 oz/2 kopper vanlig (all-purpose) mel

5 ml/1 ts bakepulver

2,5 ml/½ ts revet muskatnøtt

50 g/2 oz/½ kopp maismel (maistivelse)

100 g/4 oz/2/3 kopp sultanas (gyldne rosiner)

100 g/4 oz/2/3 kopp rosiner

75 g/3 oz/½ kopp rips

100 g/4 oz/½ kopp glace (kandiserte) kirsebær, hakket

25 g/1 oz/¼ kopp malte mandler

450 g/1 lb mandelmasse

30 ml/2 ss aprikossyltetøy (konserver)

1 eggehvite, pisket

Rør sammen smør eller margarin, sukker og sitronskall til det er blekt og luftig. Pisk inn eggene gradvis, og vend deretter inn mel, bakepulver, muskat og maismel. Rør inn frukt og mandler. Hell halvparten av blandingen i en smurt og kledd 20 cm/8 i dyp kakeform (form). Kjevle ut halvparten av mandelmassen til en sirkel på størrelse med kaken og legg oppå blandingen. Fyll med resten av blandingen og stek i en forvarmet ovn ved 160°C/325°F/gassmerke 3 i 2–2½ time til den er gyldenbrun. La avkjøle i formen. Når den er avkjølt, vend ut og pakk inn i smørefast (vokset) papir. Oppbevares i en lufttett beholder i opptil tre uker hvis mulig for å modnes.

For å gjøre kaken ferdig, pensle toppen med syltetøyet. Kjevle ut tre fjerdedeler av den resterende mandelmassen til 20 cm/8 i sirkel, pynt kantene og legg på toppen av kaken. Rull den gjenværende mandelmassen til 11 kuler (for å representere disiplene uten Judas). Pensle toppen av kaken med pisket eggehvite og legg kulene rundt kanten på kaken, pensle dem deretter med eggehvite. Plasser under en varm grill (broiler) i et minutt eller så for å brune den litt.

Tolvte nattkake

Gjør en 20 cm/8 i kake

225 g/8 oz/1 kopp smør eller margarin, myknet

225 g/8 oz/1 kopp mykt brunt sukker

4 egg, pisket

225 g/8 oz/2 kopper vanlig (all-purpose) mel

5 ml/1 ts malt blandet (eplepai) krydder

175 g/6 oz/1 kopp sultanas (gyldne rosiner)

100 g/4 oz/2/3 kopp rosiner

75 g/3 oz/½ kopp rips

50 g/2 oz/¼ kopp glacé (kandiserte) kirsebær

50 g/2 oz/1/3 kopp hakket blandet (kandisert) skall

30 ml/2 ss melk

12 lys til å dekorere

Rør sammen smør eller margarin og sukker til det blir blekt og luftig. Pisk inn eggene gradvis, vend deretter inn mel, blandet krydder, frukt og skall og bland til det er godt blandet, tilsett litt melk om nødvendig for å oppnå en myk blanding. Hell i en smurt og kledd 20 cm/8 kakeform (form) og stek i en forvarmet ovn ved 180°C/350°F/gassmerke 4 i 2 timer til et spyd som er satt inn i midten kommer ut rent. Permisjon

Eplekake i mikrobølgeovn

Gjør en 23 cm/9 i kvadrat

100 g/4 oz/½ kopp smør eller margarin, myknet

100 g/4 oz/½ kopp mykt brunt sukker

30 ml/2 ss gylden (lys mais) sirup

2 egg, lett pisket

225 g/8 oz/2 kopper selvhevende (selvhevende) mel

10 ml/2 ts malt blandet (eplepai) krydder

120 ml/½ kopp melk

2 kokte (terte) epler, skrelt, kjernehus og i tynne skiver

15 ml/1 ss rørsukker (superfint).

5 ml/1 ts malt kanel

Rør sammen smør eller margarin, brunt sukker og sirup til det blir blekt og luftig. Pisk inn eggene gradvis. Vend inn mel og blandet krydder, rør så inn melken til du har en myk konsistens. Rør inn eplene. Hell i en smurt og bunnkledd 23 cm/9 i mikrobølgeringform (rørpanne) og stek i mikrobølgeovn på Medium i 12 minutter til den er stiv. La stå i 5 minutter, snu den deretter opp-ned og strø over melis og kanel.

Eplemosekake i mikrobølgeovn

Gjør en 20 cm/8 i kake

100 g/4 oz/½ kopp smør eller margarin, myknet

175 g/6 oz/¾ kopp mykt brunt sukker

1 egg, lett pisket

175 g/6 oz/1½ kopper vanlig (all-purpose) mel

2,5 ml/½ ts bakepulver

En klype salt

2,5 ml/½ ts malt allehånde

1,5 ml/¼ ts revet muskatnøtt

1,5 ml/¼ ts malt nellik

300 ml/½ pt/1¼ kopper usøtet eplepuré (saus)

75 g/3 oz/½ kopp rosiner

Glasur (konditor) til støvtørking

Rør sammen smør eller mar-garin og brunt sukker til det er lett og luftig. Pisk inn egget gradvis, vend deretter inn mel, bakepulver, salt og krydder vekselvis med eplemos og rosiner. Hell i en smurt og melet 20 cm/8 i firkantet mikrobølgeovn og stek i mikrobølgeovn på høy i 12 minutter. La avkjøle i formen, skjær deretter i firkanter og dryss med melis.

Mikrobølgeovn eple- og valnøttkake

Gjør en 20 cm/8 i kake

175 g/6 oz/¾ kopp smør eller margarin, myknet

100 g/4 oz/½ kopp strøsukker (superfint).

3 egg, lett pisket

30 ml/2 ss gylden (lys mais) sirup

Revet skall og saft av 1 sitron

175 g/6 oz/1½ kopper selvhevende (selvhevende) mel

50 g/2 oz/½ kopp valnøtter, hakket

1 spise (dessert) eple, skrelt, kjernehuset og hakket

100 g/4 oz/2/3 kopp melis (konditor) sukker

30 ml/2 ss sitronsaft

15 ml/1 ss vann

Valnøtthalvdeler til å dekorere

Rør sammen smør eller mar-garin og melis til det er lett og luftig. Tilsett eggene gradvis, deretter sirup, sitronskall og saft. Vend inn mel, hakkede nøtter og eple. Hell i en smurt 20 cm/8 i rund mikrobølgeovn og stek i mikrobølgeovn på høy i 4 minutter. Ta ut av ovnen og dekk med folie. La avkjøle. Bland melis med sitronsaft og nok av vannet til å danne en jevn glasur (frosting). Fordel over kaken og pynt med valnøtthalvdeler.

Gulrotkake i mikrobølgeovn

Gjør en 18 cm/7 i kake

100 g/4 oz/½ kopp smør eller margarin, myknet

100 g/4 oz/½ kopp mykt brunt sukker

2 egg, pisket

Revet skall og saft av 1 appelsin

2,5 ml/½ ts malt kanel

En klype revet muskatnøtt

100 g/4 oz gulrøtter, revet

100 g/4 oz/1 kopp selvhevende (selvhevende) mel

25 g/1 oz/¼ kopp malte mandler

25 g/1 oz/2 ss rørsukker (superfint).

For toppingen:

100 g/4 oz/½ kopp kremost

50 g/2 oz/1/3 kopp melis (konditorsukker), siktet

30 ml/2 ss sitronsaft

Rør sammen smør og sukker til det er lett og luftig. Pisk inn eggene gradvis, og rør deretter inn appelsinjuice og skall, krydder og gulrøtter. Bland inn mel, mandler og sukker. Hell i en smurt og kledd 18 cm/7 kakeform og dekk til med plastfolie (plastfolie). Mikrobølgeovn på høy i 8 minutter til et spyd som er satt inn i midten kommer rent ut. Fjern plastfolien og la stå i 8 minutter før du vender ut på en rist for å avslutte avkjølingen. Pisk toppingrediensene sammen, og fordel deretter over den avkjølte kaken.

Mikrobølgeovn gulrot-, ananas- og nøttekake

Gjør en 20 cm/8 i kake

225 g/8 oz/1 kopp strøsukker (superfint).

2 egg

120 ml/4 fl oz/½ kopp olje

1,5 ml/¼ ts salt

5 ml/1 ts bikarbonat brus (natron)

100 g/4 oz/1 kopp selvhevende (selvhevende) mel

5 ml/1 ts malt kanel

175 g/6 oz gulrøtter, revet

75 g/3 oz/¾ kopp valnøtter, hakket

225 g/8 oz knust ananas med juice

For glasuren (frosting):

15 g/½ oz/1 ss smør eller margarin

50 g/2 oz/¼ kopp kremost

10 ml/2 ts sitronsaft

Glasur (konditorers) sukker, siktet

Kle en stor ringform (rørform) med bakepapir. Rør sammen sukker, egg og olje. Rør forsiktig inn de tørre ingrediensene til de er godt blandet. Rør inn de resterende kakeingrediensene. Hell blandingen i den tilberedte formen, sett den på en rist eller en oppvendt tallerken og sett den i mikrobølgeovnen på høy i 13 minutter eller til akkurat stivnet. La stå i 5 minutter, og vend deretter ut på en rist for avkjøling.

I mellomtiden lager du glasuren. Ha smør eller margarin, kremost og sitronsaft i en bolle og stek i mikrobølgeovnen på høy i 30–40 sekunder. Pisk inn nok melis gradvis til å få en tykk konsistens og pisk til det er luftig. Når kaken er kald smører du over glasuren.

Mikrobølgekrydret klikaker

Gjør 15

75 g/3 oz/¾ kopp All Bran frokostblanding

250 ml/8 fl oz/1 kopp melk

175 g/6 oz/1½ kopper vanlig (all-purpose) mel

75 g/3 oz/1/3 kopp strøsukker (superfint).

10 ml/2 ts bakepulver

10 ml/2 ts malt blandet (eplepai) krydder

En klype salt

60 ml/4 ss gylden (lys mais) sirup

45 ml/3 ss olje

1 egg, lett pisket

75 g/3 oz/½ kopp rosiner

15 ml/1 ss revet appelsinskall

Bløtlegg frokostblandingen i melken i 10 minutter. Bland sammen mel, sukker, bakepulver, blandet krydder og salt, og bland deretter inn i frokostblandingen. Rør inn sirup, olje, egg, rosiner og appelsinskall. Hell i papiresker (cupcake-papir) og stek fem kaker om gangen på høy i 4 minutter i mikrobølgeovn. Gjenta for de resterende kakene.

Mikrobølgeovn banan og pasjonsfrukt ostekake

Gjør en 23 cm/9 i kake

100 g/4 oz/½ kopp smør eller margarin, smeltet

175 g/6 oz/1½ kopper ingefærkjeks (informasjonskapsel) smuler

250 g/9 oz/sjenerøs 1 kopp kremost

175 ml/6 fl oz/¾ kopp syrnet (meieriprodukter) krem

2 egg, lett pisket

100 g/4 oz/½ kopp strøsukker (superfint).

Revet skall og saft av 1 sitron

150 ml/¼ pt/2/3 kopp kremfløte

1 banan, i skiver

1 pasjonsfrukt, hakket

Bland sammen smør eller margarin og kjekssmuler og trykk inn i bunnen og sidene av en 23 cm/9-mikrobølgeform. Mikrobølgeovn på høy i 1 minutt. La avkjøle.

Pisk sammen kremost og rømme til en jevn blanding, pisk deretter inn egg, sukker og sitronsaft og skall. Hell inn i bunnen og fordel jevnt. Kok på medium i 8 minutter. La avkjøle.

Pisk fløten til den er stiv, og fordel den deretter utover etuiet. Topp med bananskiver og øs pasjonsfruktkjøttet over toppen.

Mikrobølgebakt appelsinostkake

Gjør en 20 cm/8 i kake

50 g/2 oz/¼ kopp smør eller margarin

12 digestive kjeks (Graham kjeks), knust

100 g/4 oz/½ kopp strøsukker (superfint).

225 g/8 oz/1 kopp kremost

2 egg

30 ml/2 ss konsentrert appelsinjuice

15 ml/1 ss sitronsaft

150 ml/¼ pt/2/3 kopp syrnet (meierisyre) krem

En klype salt

1 appelsin

30 ml/2 ss aprikossyltetøy (konserver)

150 ml/¼ pt/2/3 kopp dobbel (tung) krem

Smelt smøret eller margarinen i en 20 cm/8-mikrobølgeform på høy i 1 minutt. Rør inn kjekssmulene og 25 g/1 oz/2 ss sukker og press over bunnen og sidene av retten. Rør osten med det resterende sukkeret og eggene, og rør deretter inn appelsin- og sitronsaft, rømme og salt. Hell inn i etuiet (skallet) og sett i mikrobølgeovnen på høy i 2 minutter. La stå i 2 minutter, deretter mikrobølgeovn på høy i ytterligere 2 minutter. La stå i 1 minutt, deretter mikrobølgeovn på høy i 1 minutt. La avkjøle.

Skrell appelsinen og fjern segmentene fra membranen med en skarp kniv. Smelt syltetøyet og pensle over toppen av ostekaken. Pisk fløte og rør rundt kanten av ostekaken, og pynt deretter med appelsinsegmentene.

Mikrobølgeovn ananas ostekake

Gjør en 23 cm/9 i kake

100 g/4 oz/½ kopp smør eller margarin, smeltet

175 g/6 oz/1½ kopper digestive kjeks (Graham cracker) smuler

250 g/9 oz/sjenerøs 1 kopp kremost

2 egg, lett pisket

5 ml/1 ts revet sitronskall

30 ml/2 ss sitronsaft

75 g/3 oz/1/3 kopp strøsukker (superfint).

400 g/14 oz/1 stor boks ananas, drenert og knust

150 ml/¼ pt/2/3 kopp dobbel (tung) krem

Bland sammen smør eller margarin og kjekssmuler og trykk inn i bunnen og sidene av en 23 cm/9-mikrobølgeform. Mikrobølgeovn på høy i 1 minutt. La avkjøle.

Pisk sammen kremost, egg, sitronskall og saft og sukker til en jevn masse. Rør inn ananasen og øs inn i bunnen. Mikrobølgeovn på medium i 6 minutter til den er fast. La avkjøle.

Pisk kremfløten til den er stiv, og legg den på toppen av ostekaken.

Mikrobølgeovn Kirsebær- og nøttebrød

Gir ett brød på 900 g/2 lb

175 g/6 oz/¾ kopp smør eller margarin, myknet

175 g/6 oz/¾ kopp mykt brunt sukker

3 egg, pisket

225 g/8 oz/2 kopper vanlig (all-purpose) mel

10 ml/2 ts bakepulver

En klype salt

45 ml/3 ss melk

75 g/3 oz/1/3 kopp glacé (kandiserte) kirsebær

75 g/3 oz/¾ kopp hakkede blandede nøtter

25 g/1 oz/3 ss melis (konditorsukker), siktet

Rør sammen smør eller mar-garin og brunt sukker til det er lett og luftig. Pisk inn eggene gradvis, og vend deretter inn mel, bakepulver og salt. Rør inn nok av melken til å få en myk konsistens, og rør deretter inn kirsebær og nøtter. Hell i en smurt og foret 900 g/2 lb mikrobølgeovn brødform og dryss med sukker. Mikrobølgeovn på høy i 7 minutter. La stå i 5 minutter, og vend deretter ut på en rist for å fullføre avkjøling.

Sjokoladekake i mikrobølgeovn

Gjør en 18 cm/7 i kake

225 g/8 oz/1 kopp smør eller margarin, myknet

175 g/6 oz/¾ kopp strøsukker (superfint).

150 g/5 oz/1¼ kopper selvhevende (selvhevende) mel

50 g/2 oz/¼ kopp kakao (usøtet sjokolade) pulver

5 ml/1 ts bakepulver

3 egg, pisket

45 ml/3 ss melk

Bland sammen alle ingrediensene og skje i en smurt og kledd 18 cm/7 i mikrobølgeovn. Mikrobølgeovn på høy i 9 minutter til den er såvidt fast å ta på. La avkjøle i formen i 5 minutter, og vend deretter ut på en rist for å avslutte avkjølingen.

Sjokolade mandelkake i mikrobølgeovn

Gjør en 20 cm/8 i kake

Til kaken:

100 g/4 oz/½ kopp smør eller margarin, myknet

100 g/4 oz/½ kopp strøsukker (superfint).

2 egg, lett pisket

100 g/4 oz/1 kopp selvhevende (selvhevende) mel

50 g/2 oz/½ kopp kakao (usøtet sjokolade) pulver

50 g/2 oz/½ kopp malte mandler

150 ml/¼ pt/2/3 kopp melk

60 ml/4 ss gylden (lys mais) sirup

For glasuren (frosting):

100 g/4 oz/1 kopp vanlig (halvsøt) sjokolade

25 g/1 oz/2 ss smør eller margarin

8 hele mandler

For å lage kaken, krem sammen smør eller mar-garin og sukker til det er lett og luftig. Pisk inn eggene gradvis, vend deretter inn mel og kakao, etterfulgt av malte mandler. Rør inn melk og sirup og pisk til det er lett og mykt. Hell i en 20 cm/8 i mikrobølgeovn dekket med klamfilm (plastfolie) og stek i mikrobølgeovn på høy i 4 minutter. Ta den ut av ovnen, dekk toppen med folie og la den avkjøles litt, og vend den ut på en rist for å avslutte avkjølingen.

For å lage glasuren, smelt sjokoladen og smøret eller margarinen på High i 2 minutter. Slå godt. Dypp mandlene halvveis i sjokoladen, og la dem deretter stivne på et stykke smørefast (vokset) papir. Hell den resterende glasuren over kaken og fordel over toppen og nedover sidene. Pynt med mandlene og la det stivne.

Mikrobølgeovn doble sjokoladebrownies

Gjør 8

150 g/5 oz/1¼ kopper vanlig (halvsøt) sjokolade, grovhakket

75 g/3 oz/1/3 kopp smør eller margarin

175 g/6 oz/¾ kopp mykt brunt sukker

2 egg, lett pisket

150 g/5 oz/1¼ kopper vanlig (all-purpose) mel

2,5 ml/½ ts bakepulver

2,5 ml/½ ts vaniljeessens (ekstrakt)

30 ml/2 ss melk

Smelt 50 g/2 oz/½ kopp av sjokoladen med smøret eller margarinen på High i 2 minutter. Pisk inn sukker og egg, og rør deretter inn mel, bakepulver, vaniljeessens og melk til en jevn masse. Hell i en smurt 20 cm/8 i firkantet mikrobølgeovn og stek i mikrobølgeovn på høy i 7 minutter. La avkjøle i fatet i 10 minutter. Smelt den resterende sjokoladen på High i 1 minutt, fordel den over toppen av kaken og la den avkjøles. Skjær i firkanter.

Mikrobølgesjokolade daddelbarer

Gjør 8

50 g/2 oz/1/3 kopp utstenede dadler, hakket

60 ml/4 ss kokende vann

65 g/2½ oz/1/3 kopp smør eller margarin, myknet

225 g/8 oz/1 kopp strøsukker (superfint).

1 egg

100 g/4 oz/1 kopp vanlig (all-purpose) mel

10 ml/2 ts kakao (usøtet sjokolade) pulver

2,5 ml/½ ts bakepulver

En klype salt

25 g/1 oz/¼ kopp hakkede blandede nøtter

100 g/4 oz/1 kopp vanlig (halvsøt) sjokolade, finhakket

Bland dadlene med det kokende vannet og la stå til det er avkjølt. Rør sammen smøret eller margarinen med halvparten av sukkeret til det er lett og luftig. Ha gradvis inn egget, vend deretter inn mel, kakao, bakepulver og salt og dadelblandingen vekselvis. Hell i en smurt og melet 20 cm/8 i firkantet mikrobølgeovn. Bland resten av sukkeret med nøtter og sjokolade og dryss over toppen, trykk lett ned. Mikrobølgeovn på høy i 8 minutter. La avkjøle i formen før du skjærer i firkanter.

Mikrobølgesjokoladeruter

Gjør 16

Til kaken:

50 g/2 oz/¼ kopp smør eller margarin

5 ml/1 ts rørsukker (superfint).

75 g/3 oz/¾ kopp vanlig (all-purpose) mel

1 eggeplomme

15 ml/1 ss vann

175 g/6 oz/1½ kopper vanlig (halvsøt) sjokolade, revet eller finhakket

For toppingen:

50g /2 oz/¼ kopp smør eller margarin

50 g/2 oz/¼ kopp strøsukker (superfint).

1 egg

2,5 ml/½ ts vaniljeessens (ekstrakt)

100 g/4 oz/1 kopp valnøtter, hakket

For å lage kaken, myk smøret eller margarinen og bland inn sukker, mel, eggeplomme og vann. Fordel blandingen jevnt i en 20 cm/8 i firkantet mikrobølgeovn og stek i mikrobølgeovn på høy i 2 minutter. Dryss over sjokoladen og sett i mikrobølgeovnen på High i 1 minutt. Fordel jevnt over bunnen og la stå til den er stivnet.

For å lage toppingen, mikrobølger smøret eller margarinen på høy i 30 sekunder. Rør inn de resterende toppingrediensene og fordel over sjokoladen. Mikrobølgeovn på høy i 5 minutter. La avkjøle, og skjær deretter i firkanter.

Rask kaffekake i mikrobølgeovn

Gir en19 cm/7 i kake

Til kaken:

225 g/8 oz/1 kopp smør eller margarin, myknet

225 g/8 oz/1 kopp strøsukker (superfint).

225 g/8 oz/2 kopper selvhevende (selvhevende) mel

5 egg

45 ml/3 ss kaffeessens (ekstrakt)

For glasuren (frosting):

30 ml/2 ss kaffeessens (ekstrakt)

175 g/6 oz/¾ kopp smør eller margarin

Glasur (konditorers) sukker, siktet

Valnøtthalvdeler til å dekorere

Bland sammen alle kakeingrediensene til de er godt blandet. Delt mellom to 19 cm/7 i mikrobølgeovn kakebeholdere og stek hver på høy i 5–6 minutter. Ta ut av mikrobølgeovnen og la avkjøle.

Bland sammen melisingrediensene, søt etter smak med melis. Når det er avkjølt, smører du kakene sammen med halve glasuren og fordeler resten på toppen. Pynt med valnøtthalvdeler.

Julekake i mikrobølgeovn

Gjør en 23 cm/9 i kake

150 g/5 oz/2/3 kopp smør eller margarin, myknet

150 g/5 oz/2/3 kopp mykt brunt sukker

3 egg

30 ml/2 ss svart sirup (melasse)

225 g/8 oz/2 kopper selvhevende (selvhevende) mel

10 ml/2 ts malt blandet (eplepai) krydder

2. 5 ml/½ ts revet muskatnøtt

2,5 ml/½ ts bikarbonat brus (natron)

450 g/1 lb/22/3 kopper blandet tørket frukt (fruktkakeblanding)

50 g/2 oz/¼ kopp glacé (kandiserte) kirsebær

50 g/2 oz/1/3 kopp hakket blandet skall

50 g/2 oz/½ kopp hakkede blandede nøtter

30 ml/2 ss konjakk

Ekstra konjakk for å modne kaken (valgfritt)

Rør sammen smør eller margarin og sukker til det er lett og luftig. Pisk inn eggene og sirupet gradvis, og vend deretter inn mel, krydder og bikarbonat av brus. Rør forsiktig inn frukten, blandet skall og nøtter, og rør deretter inn konjakken. Hell i en bunnforet 23 cm/9 i mikrobølgeovn og stek i mikrobølgeovn på lav i 45–60 minutter. La avkjøle i formen i 15 minutter før du vender ut på rist for å avslutte avkjølingen.

Når den er avkjølt, pakk kaken inn i folie og oppbevar på et kjølig, mørkt sted i 2 uker. Hvis du vil, stikk hull på toppen av kaken flere ganger med et tynt spyd og dryss over litt ekstra konjakk, pakk deretter inn og oppbevar kaken på nytt. Du kan gjøre dette flere ganger for å lage en fyldigere kake.

Mikrobølgesmulekake

Gjør en 20 cm/8 i kake

300 g/10 oz/1¼ kopper strøsukker (superfint).

225 g/8 oz/2 kopper vanlig (all-purpose) mel

10 ml/2 ts bakepulver

5 ml/1 ts malt kanel

100 g/4 oz/½ kopp smør eller margarin, myknet

2 egg, lett pisket

100 ml/6½ ss melk

Bland sammen sukker, mel, bakepulver og kanel. Arbeid inn smøret eller margarinen, og sett deretter en fjerdedel av blandingen til side. Bland sammen egg og melk og bland inn i den større delen av kakeblandingen. Hell blandingen i en smurt og melet 20 cm/8 i mikrobølgeovn og dryss over den reserverte crumble-blandingen. Mikrobølgeovn på høy i 10 minutter. La avkjøle i fatet.

Mikrobølgeovn datostenger

Gjør 12

150 g/5 oz/1¼ kopper selvhevende (selvhevende) mel

175 g/6 oz/¾ kopp strøsukker (superfint).

100 g/4 oz/1 kopp tørket (revet) kokosnøtt

100 g/4 oz/2/3 kopper utstenede dadler, hakket

50 g/2 oz/½ kopp hakkede blandede nøtter

100 g/4 oz/½ kopp smør eller margarin, smeltet

1 egg, lett pisket

Glasur (konditorers) sukker til støv

Bland sammen de tørre ingrediensene. Rør inn smør eller margarin og egg og bland til en fast deig. Trykk inn i bunnen av en 20 cm/8 i firkantet mikrobølgeovn og stek i mikrobølgeovnen på Medium i 8 minutter til den er akkurat stiv. La stå i fatet i 10 minutter, skjær deretter i barer og vend ut på en rist for å avslutte avkjølingen.

Mikrobølgeovn fikenbrød

Gir ett brød på 675 g/1½ lb

100 g/4 oz/2 kopper kli

50 g/2 oz/¼ kopp mykt brunt sukker

45 ml/3 ss klar honning

100 g/4 oz/2/3 kopp tørkede fiken, hakket

50 g/2 oz/½ kopp hasselnøtter, hakket

300 ml/½ pt/1¼ kopper melk

100 g/4 oz/1 kopp fullkornsmel (helhvete).

10 ml/2 ts bakepulver

En klype salt

Bland sammen alle ingrediensene til en stiv deig. Form til en brødform i mikrobølgeovn og jevn overflaten. Kok på høy i 7 minutter. La avkjøle i formen i 10 minutter, og vend deretter ut på en rist for å avslutte avkjølingen.

Mikrobølgeovn Flapjacks

Gjør 24

175 g/6 oz/¾ kopp smør eller margarin, myknet

50 g/2 oz/¼ kopp strøsukker (superfint).

50 g/2 oz/¼ kopp mykt brunt sukker

90 ml/6 ss gylden (lys mais) sirup

En klype salt

275 g/10 oz/2½ kopper havregryn

Bland sammen smør eller margarin og sukker i en stor bolle og kok på høy i 1 minutt. Tilsett de resterende ingrediensene og rør godt. Hell blandingen i en smurt 18 cm/7 i mikrobølgeovn og trykk lett ned. Kok på høy i 5 minutter. La avkjøle litt, og skjær deretter i firkanter.

Mikrobølgeovn fruktkake

Gjør en 18 cm/7 i kake

175 g/6 oz/¾ kopp smør eller margarin, myknet

175 g/6 oz/¾ kopp strøsukker (superfint).

Revet skall av 1 sitron

3 egg, pisket

225 g/8 oz/2 kopper vanlig (all-purpose) mel

5 ml/1 ts malt blandet (eplepai) krydder

225 g/8 oz/11/3 kopper rosiner

225 g/8 oz/11/3 kopper sultanas (gyldne rosiner)

50 g/2 oz/¼ kopp glacé (kandiserte) kirsebær

50 g/2 oz/½ kopp hakkede blandede nøtter

15 ml/1 ss gylden (lys mais) sirup

45 ml/3 ss konjakk

Rør sammen smør eller mar-garin og sukker til det er lett og luftig. Bland inn sitronskallet og pisk deretter inn eggene gradvis. Vend inn mel og blandet krydder, bland deretter inn de resterende ingrediensene. Hell i en smurt og foret 18 cm/7 rund mikrobølgeovn og stek i mikrobølgeovnen på lav i 35 minutter til et spyd som er satt inn i midten kommer rent ut. La avkjøle i formen i 10 minutter, og vend deretter ut på en rist for å avslutte avkjølingen.

Mikrobølgeovn frukt- og kokosnøttruter

Gjør 8

50 g/2 oz/¼ kopp smør eller margarin

9 digestive kjeks (Graham kjeks), knust

50 g/2 oz/½ kopp tørket (revet) kokosnøtt

100 g/4 oz/2/3 kopp hakket blandet (kandisert) skall

50 g/2 oz/1/3 kopp utstenede dadler, hakket

15 ml/1 ss vanlig (universelt) mel

25 g/1 oz/2 ss glace (kandiserte) kirsebær, hakket

100 g/4 oz/1 kopp valnøtter, hakket

150 ml/¼ pt/2/3 kopp kondensert melk

Smelt smøret eller margarinen i en 20 cm/8 i firkantet mikrobølgeovn på høy i 40 sekunder. Rør inn kjekssmulene og fordel jevnt over bunnen av retten. Dryss over kokosen, deretter med det blandede skallet. Bland dadlene med mel, kirsebær og nøtter og dryss over toppen, hell deretter over melken. Mikrobølgeovn på høy i 8 minutter. La avkjøle i formen, og skjær deretter i firkanter.

Fudge kake i mikrobølgeovn

Gjør en 20 cm/8 i kake

150 g/5 oz/1¼ kopper vanlig (all-purpose) mel

5 ml/1 ts bakepulver

En klype bikarbonatbrus (natron)

En klype salt

300 g/10 oz/1¼ kopper strøsukker (superfint).

50 g/2 oz/¼ kopp smør eller margarin, myknet

250 ml/8 fl oz/1 kopp melk

Noen dråper vaniljeessens (ekstrakt)

1 egg

100 g/4 oz/1 kopp vanlig (halvsøt) sjokolade, hakket

50 g/2 oz/½ kopp hakkede blandede nøtter

Sjokolade smørglasur

Bland sammen mel, bakepulver, bikarbonat og salt. Rør inn sukker, og pisk deretter inn smør eller margarin, melk og vaniljeessens til en jevn masse. Pisk inn egget. Mikrobølgeovn tre fjerdedeler av sjokoladen på High i 2 minutter til den er smeltet, pisk deretter inn i kakeblandingen til den er kremaktig. Rør inn nøttene. Hell blandingen i to smurte og melete 20 cm/8 i mikrobølgeovnsretter og stek hver enkelt i mikrobølgeovn i 8 minutter. Ta ut av ovnen, dekk til med folie og la avkjøle i 10 minutter, og vend deretter ut på en rist for å fullføre avkjøling. Smør sammen med halvparten av smørglasuren (frosting), fordel deretter den resterende glasuren over toppen og pynt med den reserverte sjokoladen.

Mikrobølgeovn pepperkaker

Gjør en 20 cm/8 i kake

50 g/2 oz/¼ kopp smør eller margarin

75 g/3 oz/¼ kopp svart sirup (melasse)

15 ml/1 ss rørsukker (superfint).

100 g/4 oz/1 kopp vanlig (all-purpose) mel

5 ml/1 ts malt ingefær

2,5 ml/½ ts malt blandet (eplepai) krydder

2,5 ml/½ ts bikarbonat brus (natron)

1 egg, pisket

Ha smøret eller margarinen i en bolle og sett i mikrobølgeovnen på høy i 30 sekunder. Rør inn sirup og sukker og sett i mikrobølgeovn på høy i 1 minutt. Rør inn mel, krydder og bikarbonat av brus. Pisk inn egget. Hell blandingen over i en smurt 1,5 liter/2½ pint/6 kopps form og stek i mikrobølgeovn på høy i 4 minutter. Avkjøl i formen i 5 minutter, og vend deretter ut på en rist for å avslutte avkjølingen.

Ingefærbarer i mikrobølgeovn

Gjør 12

Til kaken:

150 g/5 oz/2/3 kopp smør eller margarin, myknet

50 g/2 oz/¼ kopp strøsukker (superfint).

100 g/4 oz/1 kopp vanlig (all-purpose) mel

2,5 ml/½ ts bakepulver

5 ml/1 ts malt ingefær

For toppingen:

15 g/½ oz/1 ss smør eller margarin

15 ml/1 ss gylden (lys mais) sirup

Noen dråper vaniljeessens (ekstrakt)

5 ml/1 ts malt ingefær

50 g/2 oz/1/3 kopp melis (konditorer) sukker

For å lage kaken, krem sammen smør eller mar-garin og sukker til det er lett og luftig. Rør inn mel, bakepulver og ingefær og bland til en jevn deig. Trykk inn i en 20 cm/8 i firkantet mikrobølgeovn og stek på Medium i 6 minutter til den er såvidt stiv.

For å lage toppingen, smelt smør eller margarin og sirup. Rør inn vaniljeessens, ingefær og melis og visp til det blir tykt. Fordel jevnt over den varme kaken. La avkjøle i fatet, og skjær deretter i barer eller firkanter.

Gylden kake i mikrobølgeovn

Gjør en 20 cm/8 i kake

Til kaken:

100 g/4 oz/½ kopp smør eller margarin, myknet

100 g/4 oz/½ kopp strøsukker (superfint).

2 egg, lett pisket

Noen dråper vaniljeessens (ekstrakt)

225 g/8 oz/2 kopper vanlig (all-purpose) mel

10 ml/2 ts bakepulver

En klype salt

60 ml/4 ss melk

For glasuren (frosting):

50 g/2 oz/¼ kopp smør eller margarin, myknet

100 g/4 oz/2/3 kopp melis (konditor) sukker

Noen dråper vaniljeessens (ekstrakt) (valgfritt)

For å lage kaken, krem sammen smør eller margarin og sukker til det er lett og luftig. Pisk inn eggene gradvis, og vend deretter inn mel, bakepulver og salt. Rør inn nok av melken til å gi en myk, droppende konsistens. Hell i to smurte og melede 20 cm/8 i mikrobølgeovnsretter og stek hver kake separat på High i 6 minutter. Ta ut av ovnen, dekk til med folie og la avkjøle i 5 minutter, og vend deretter ut på en rist for å fullføre avkjøling.

For å lage glasuren, pisk smøret eller margarinen til det er mykt, og pisk deretter inn melis og vaniljeessens, hvis du liker det. Smør kakene sammen med halve glasuren, og fordel deretter resten over toppen.

Mikrobølgeovn honning- og hasselnøttkake

Gjør en 18 cm/7 i kake

150 g/5 oz/2/3 kopp smør eller margarin, myknet

100 g/4 oz/½ kopp mykt brunt sukker

45 ml/3 ss klar honning

3 egg, pisket

225 g/8 oz/2 kopper selvhevende (selvhevende) mel

100 g/4 oz/1 kopp malte hasselnøtter

45 ml/3 ss melk

Smørglasur

Rør sammen smør eller margarin, sukker og honning til det er lett og luftig. Pisk inn eggene gradvis, vend deretter inn mel og hasselnøtter og nok av melken til å gi en myk konsistens. Hell i en 18 cm/7 i mikrobølgeovn og stek på Medium i 7 minutter. La avkjøle i formen i 5 minutter, og vend deretter ut på en rist for å avslutte avkjølingen. Skjær kaken i to horisontalt, og smør deretter sammen med smørglasur (frosting).

Mikrobølge tygge müslibarer

Gjør ca 10

100 g/4 oz/½ kopp smør eller margarin

175 g/6 oz/½ kopp klar honning

50 g/2 oz/1/3 kopp klare til å spise tørkede aprikoser, hakket

50 g/2 oz/1/3 kopp utstenede dadler, hakket

75 g/3 oz/¾ kopp hakkede blandede nøtter

100 g/4 oz/1 kopp havregryn

100 g/4 oz/½ kopp mykt brunt sukker

1 egg, pisket

25 g/1 oz/2 ss selvhevende (selvhevende) mel

Ha smør eller margarin og honning i en bolle og stek på høy i 2 minutter. Bland inn alle de resterende ingrediensene. Hell i en 20 cm/8 i mikrobølgeovn stekeplate og mikrobølgeovn på høy i 8 minutter. La avkjøle litt, og skjær deretter i firkanter eller skiver.

Mikrobølge nøttekake

Gjør en 20 cm/8 i kake

150 g/5 oz/1¼ kopper vanlig (all-purpose) mel

En klype salt

5 ml/1 ts malt kanel

75 g/3 oz/1/3 kopp mykt brunt sukker

75 g/3 oz/1/3 kopp strøsukker (superfint).

75 ml/5 ss olje

25 g/1 oz/¼ kopp valnøtter, hakket

5 ml/1 ts bakepulver

2,5 ml/½ ts bikarbonat brus (natron)

1 egg

150 ml/¼ pt/2/3 kopp syrnet melk

Bland sammen mel, salt og halvparten av kanelen. Rør inn sukkeret, pisk deretter inn oljen til det er godt blandet. Fjern 90 ml/6 ss av blandingen og rør den inn i nøttene og gjenværende kanel. Tilsett bakepulver, bikarbonat, egg og melk til det meste av blandingen og pisk til en jevn masse. Hell hovedblandingen i en smurt og melet 20 cm/8 i mikrobølgeovn og dryss nøtteblandingen over toppen. Mikrobølgeovn på høy i 8 minutter. La avkjøle i fatet i 10 minutter og server lunt.

Mikrobølgeovn appelsinjuice kake

Gjør en 20 cm/8 i kake

250 g/9 oz/2¼ kopper vanlig (all-purpose) mel

225 g/8 oz/1 kopp granulert sukker

15 ml/1 ss bakepulver

2,5 ml/½ ts salt

60 ml/4 ss olje

250 ml/8 fl oz/2 kopper appelsinjuice

2 egg, separert

100 g/4 oz/½ kopp strøsukker (superfint).

Oransje smørglasur

Orange Glacé glasur

Bland sammen mel, perlesukker, bakepulver, salt, olje og halvparten av appelsinjuicen og pisk til det er godt blandet. Pisk inn eggeplommene og gjenværende appelsinjuice til det er lett og mykt. Pisk eggehvitene til de er stive, tilsett halvparten av sukkeret og pisk til det er tykt og blankt. Vend inn det resterende sukkeret, vend deretter eggehvitene inn i kakeblandingen. Hell i to smurte og melete 20 cm/8 i mikrobølgeovnsretter og stek hver av dem separat på høy i 6–8 minutter. Ta ut av ovnen, dekk til med folie og la avkjøle i 5 minutter, og vend deretter ut på en rist for å fullføre avkjøling. Smør kakene sammen med appelsinsmørglasur (frosting) og fordel appelsinglacéglasuren over toppen.

Mikrobølgeovn Pavlova

Gjør en 23 cm/9 i kake

4 eggehviter

225 g/8 oz/1 kopp strøsukker (superfint).

2,5 ml/½ ts vaniljeessens (ekstrakt)

Noen dråper vineddik

150 ml/¼ pt/2/3 kopp kremfløte

1 kiwi, i skiver

100 g/4 oz jordbær, i skiver

Pisk eggehvitene til de danner myke topper. Dryss i halvparten av sukkeret og pisk godt. Tilsett gradvis resten av sukkeret, vaniljeessensen og eddik og pisk til det er oppløst. Hell blandingen til en 23 cm/9 i sirkel på et stykke bakepapir. Mikrobølgeovn på høy i 2 minutter. La stå i mikrobølgeovnen med døren åpen i 10 minutter. Ta ut av ovnen, riv av bakpapiret og la det avkjøles. Pisk kremfløten til den er stiv og fordel den på toppen av marengsen. Ordne frukten vakkert på toppen.

Mikrobølgeovn Shortcake

Gjør en 20 cm/8 i kake

225 g/8 oz/2 kopper vanlig (all-purpose) mel

15 ml/1 ss bakepulver

50 g/2 oz/¼ kopp strøsukker (superfint).

100 g/4 oz/½ kopp smør eller margarin

75 ml/5 ss enkelt (lett) krem

1 egg

Bland sammen mel, bakepulver og sukker, og gni deretter inn smør eller margarin til blandingen minner om brødsmuler. Bland sammen fløte og egg, og arbeid deretter inn i melblandingen til du har en myk deig. Trykk inn i en smurt 20 cm/8 i mikrobølgeovn og stek i mikrobølgeovn på høy i 6 minutter. La stå i 4 minutter, vend deretter ut og avkjøl ferdig på rist.

Mikrobølgeovn Strawberry Shortcake

Gjør en 20 cm/8 i kake

900 g/2 lb jordbær, tykke skiver

225 g/8 oz/1 kopp strøsukker (superfint).

225 g/8 oz/2 kopper vanlig (all-purpose) mel

15 ml/1 ss bakepulver

175 g/6 oz/¾ kopp smør eller margarin

75 ml/5 ss enkelt (lett) krem

1 egg

150 ml/¼ pt/2/3 kopp dobbel (tung) fløte, pisket

Bland jordbærene med 175 g/6 oz/¾ kopp sukker, og avkjøl deretter i minst 1 time.

Bland sammen mel, bakepulver og resterende sukker, og gni deretter inn 100 g/½ kopp smør eller margarin til blandingen ligner brødsmuler. Bland sammen enkeltkremen og egget, og arbeid deretter inn i melblandingen til du har en myk deig. Trykk inn i en smurt 20 cm/8 i mikrobølgeovn og stek i mikrobølgeovn på høy i 6 minutter. La stå i 4 minutter, vend deretter ut og del den gjennom midten mens den fortsatt er varm. La avkjøle.

Smør begge snittflatene med det resterende smøret eller margarinen. Fordel en tredjedel av kremfløten over bunnen, dekk deretter med tre fjerdedeler av jordbærene. Topp med ytterligere en tredjedel av kremen, og legg deretter den andre kaken på toppen. Topp med resten av fløten og jordbærene.

Mikrobølgekake

Gjør en 18 cm/7 i kake

150 g/5 oz/1¼ kopper selvhevende (selvhevende) mel

100 g/4 oz/½ kopp smør eller margarin

100 g/4 oz/½ kopp strøsukker (superfint).

2 egg

30 ml/2 ss melk

Pisk sammen alle ingrediensene til en jevn masse. Hell i en bunnforet 18 cm/7 i mikrobølgeovn og stek i mikrobølgeovn på Medium i 6 minutter. La avkjøle i formen i 5 minutter, og vend deretter ut på en rist for å avslutte avkjølingen.

Mikrobølgeovn Sultana Bars

Gjør 12

175 g/6 oz/¾ kopp smør eller margarin

100 g/4 oz/½ kopp strøsukker (superfint).

15 ml/1 ss gylden (lys mais) sirup

75 g/3 oz/½ kopp sultanas (gyldne rosiner)

5 ml/1 ts revet sitronskall

225 g/8 oz/2 kopper selvhevende (selvhevende) mel

For glasuren (frosting):
175 g/6 oz/1 kopp melis (konditorer) sukker

30 ml/2 ss sitronsaft

Mikrobølgeovn smør eller margarin, melis og sirup på Medium i 2 minutter. Rør inn sultanas og sitronskall. Vend inn melet. Hell i en smurt og foret 20 cm/8 i firkantet mikrobølgeovn og stek i mikrobølgeovn på Medium i 8 minutter til den er så vidt stiv. La avkjøle litt.

Ha melis i en bolle og lag en fordypning i midten. Bland gradvis inn sitronsaften for å lage en jevn glasur. Fordel over kaken mens den fortsatt er akkurat varm, og la den avkjøles helt.

Sjokoladekjeks i mikrobølgeovn

Gjør 24

225 g/8 oz/1 kopp smør eller margarin, myknet

100 g/4 oz/½ kopp mørk brunt sukker

5 ml/1 ts vaniljeessens (ekstrakt)

225 g/8 oz/2 kopper selvhevende (selvhevende) mel

50 g/2 oz/½ kopp drikkesjokoladepulver

Rør sammen smør, sukker og vaniljeessens til det er lett og luftig. Bland gradvis inn mel og sjokolade og bland til en jevn deig. Form boller på størrelse med valnøtt, legg seks om gangen på en smurt stekeplate i mikrobølgeovn og flat ut litt med en gaffel. Mikrobølgeovn hver batch på høy i 2 minutter, til alle kjeksene (informasjonskapslene) er kokt. La avkjøle på rist.

Kokosnøttkjeks i mikrobølgeovn

Gjør 24

50 g/2 oz/¼ kopp smør eller margarin, myknet

75 g/3 oz/1/3 kopp strøsukker (superfint).

1 egg, lett pisket

2,5 ml/½ ts vaniljeessens (ekstrakt)

75 g/3 oz/¾ kopp vanlig (all-purpose) mel

25 g/1 oz/¼ kopp tørket (revet) kokosnøtt

En klype salt

30 ml/2 ss jordbærsyltetøy (konserver)

Pisk sammen smør eller margarin og sukker til det er lett og luftig. Rør inn egget og vaniljeessensen vekselvis med mel, kokos og salt og bland til en jevn deig. Form til kuler på størrelse med valnøtt og legg seks om gangen på en smurt stekeplate i mikrobølgeovn, og trykk deretter lett med en gaffel for å flate litt. Mikrobølgeovn på høy i 3 minutter til den er akkurat stiv. Ha over på en rist og legg en skje med syltetøy på midten av hver kjeks. Gjenta med de resterende informasjonskapslene.

Mikrobølgeovn florentinere

Gjør 12

50 g/2 oz/¼ kopp smør eller margarin

50 g/2 oz/¼ kopp demerara sukker

15 ml/1 ss gylden (lys mais) sirup

50 g/2 oz/¼ kopp glacé (kandiserte) kirsebær

75 g/3 oz/¾ kopp valnøtter, hakket

25 g/1 oz/3 ss sultanas (gyldne rosiner)

25 g/1 oz/¼ kopp flakede (skårede) mandler

30 ml/2 ss hakket blandet (kandisert) skall

25 g/1 oz/¼ kopp vanlig (all-purpose) mel

100 g/4 oz/1 kopp vanlig (halvsøt) sjokolade, brutt opp (valgfritt)

Mikrobølgeovn smør eller margarin, sukker og sirup på høy i 1 minutt til det er smeltet. Rør inn kirsebær, valnøtter, sultanas og mandler, bland deretter inn blandet skall og mel. Legg teskjeer av blandingen, godt fra hverandre, på fettfast (vokset) papir og stek fire om gangen på høy i 1½ minutt hver omgang. Rydd kantene med en kniv, la avkjøle på papiret i 3 minutter, og overfør deretter til en rist for å avslutte avkjølingen. Gjenta med de resterende kjeksene. Hvis du liker, smelt sjokoladen i en bolle i 30 sekunder og fordel den over den ene siden av florentinene, og la den stivne.

Hasselnøtt- og kirsebærkjeks i mikrobølgeovn

Gjør 24

100 g/4 oz/½ kopp smør eller margarin, myknet

100 g/4 oz/½ kopp strøsukker (superfint).

1 egg, pisket

175 g/6 oz/1½ kopper vanlig (all-purpose) mel

50 g/2 oz/½ kopp malte hasselnøtter

100 g/4 oz/½ kopp glacé (kandiserte) kirsebær

Rør sammen smør eller margarin og sukker til det er lett og luftig. Pisk inn egget gradvis, og vend deretter inn mel, hasselnøtter og kirsebær. Plasser skjeer med god avstand på bakepapir i mikrobølgeovn og stek åtte kjeks (informasjonskapsler) om gangen på høy i ca. 2 minutter til de er akkurat stive.

Mikrobølgeovn Sultana kjeks

Gjør 24

225 g/8 oz/2 kopper vanlig (all-purpose) mel

5 ml/1 ts malt blandet (eplepai) krydder

175 g/6 oz/¾ kopp smør eller margarin, myknet

100 g/4 oz/2/3 kopp sultanas (gyldne rosiner)

175 g/6 oz/¾ kopp demerara sukker

Bland sammen mel og blandet krydder, og bland deretter inn smør eller margarin, sultanas og 100 g/4 oz/½ kopp sukker for å lage en myk deig. Rull til to pølseformer ca 18 cm/7 i lengde og rull inn resten av sukkeret. Skjær i skiver og legg seks om gangen på et smurt bakepapir i mikrobølgeovn og stek i mikrobølgeovn på høy i 2 minutter. La avkjøle på rist og gjenta med de resterende kjeksene (cookies).

Mikrobølgeovn bananbrød

Gir ett brød på 450 g/1 lb

75 g/3 oz/1/3 kopp smør eller margarin, myknet

175 g/6 oz/¾ kopp strøsukker (superfint).

2 egg, lett pisket

200 g/7 oz/1¾ kopper vanlig (all-purpose) mel

10 ml/2 ts bakepulver

2,5 ml/½ ts bikarbonat brus (natron)

En klype salt

2 modne bananer

15 ml/1 ss sitronsaft

60 ml/4 ss melk

50 g/2 oz/½ kopp valnøtter, hakket

Rør sammen smør eller margarin og sukker til det er lett og luftig.
Pisk inn eggene gradvis, og vend deretter inn mel, bakepulver,
bikarbonat av brus og salt. Mos bananene med sitronsaften, vend
deretter inn i blandingen med melk og valnøtter. Hell i en smurt og
melet 450 g/1 lb mikrobølgeovn brødform (panne) og
mikrobølgeovn på høy i 12 minutter. Ta ut av ovnen, dekk til med
folie og la avkjøle i 10 minutter, og vend deretter ut på en rist for å
fullføre avkjøling.

Ostebrød i mikrobølgeovn

Gir ett brød på 450 g/1 lb

50 g/2 oz/¼ kopp smør eller margarin

250 ml/8 fl oz/1 kopp melk

2 egg, lett pisket

225 g/8 oz/2 kopper vanlig (all-purpose) mel

10 ml/2 ts bakepulver

10 ml/2 ts sennepspulver

2,5 ml/½ ts salt

175 g/6 oz/1½ kopper cheddarost, revet

Smelt smøret eller margarinen i en liten bolle på High i 1 minutt. Rør inn melk og egg. Bland sammen mel, bakepulver, sennep, salt og 100 g/1 kopp ost. Rør inn melkeblandingen til den er godt blandet. Hell i en brødform med mikrobølgeovn (panne) og stek i mikrobølgeovn på høy i 9 minutter. Dryss over resten av osten, dekk til med folie og la stå i 20 minutter.

Valnøttbrød i mikrobølgeovn

Gir ett brød på 450 g/1 lb

225 g/8 oz/2 kopper vanlig (all-purpose) mel

300 g/10 oz/1¼ kopper strøsukker (superfint).

5 ml/1 ts bakepulver

En klype salt

100 g/4 oz/½ kopp smør eller margarin, myknet

150 ml/¼ pt/2/3 kopp melk

2,5 ml/½ ts vaniljeessens (ekstrakt)

4 eggehviter

50 g/2 oz/½ kopp valnøtter, hakket

Bland sammen mel, sukker, bakepulver og salt. Pisk inn smør eller margarin, deretter melk og vaniljeessens. Pisk inn eggehvitene til de er kremaktige, vend deretter inn nøttene. Hell i en smurt og melet 450 g/1 lb mikrobølgeovn brødform (panne) og mikrobølgeovn på høy i 12 minutter. Ta ut av ovnen, dekk til med folie og la avkjøle i 10 minutter, og vend deretter ut på en rist for å fullføre avkjøling.

No-bake Amaretti-kake

Gjør en 20 cm/8 i kake

100 g/4 oz/½ kopp smør eller margarin

175 g/6 oz/1½ kopper vanlig (halvsøt) sjokolade

75 g/3 oz Amaretti kjeks (cookies), grovt knust

175 g/6 oz/1½ kopper valnøtter, hakket

50 g/2 oz/½ kopp pinjekjerner

75 g/3 oz/1/3 kopp glacé (kandiserte) kirsebær, hakket

30 ml/2 ss Grand Marnier

225 g/8 oz/1 kopp Mascarpone ost

Smelt smør eller margarin og sjokolade i en varmefast bolle satt over en panne med lett kokende vann. Ta av varmen og rør inn kjeks, nøtter og kirsebær. Hell i en smørbrødform (panne) dekket med klamfilm (plastfolie) og trykk forsiktig ned. Avkjøl i 1 time til stivnet. Vend ut på et serveringsfat og fjern plastfolien. Slå Grand Marnier inn i Mascarpone og skje over bunnen.

Amerikanske sprø risbarer

Gjør ca 24 barer

50 g/2 oz/¼ kopp smør eller margarin

225 g/8 oz hvite marshmallows

5 ml/1 ts vaniljeessens (ekstrakt)

150 g/5 oz/5 kopper puffet risblanding

Smelt smøret eller margarinen i en stor panne på lav varme. Tilsett marshmallows og kok under kontinuerlig omrøring til marshmallows har smeltet og blandingen er sirupsaktig. Ta av varmen og tilsett vaniljeessens. Rør inn risblandingen til den er jevnt belagt. Trykk ut i en 23 cm/9 i firkantet form (panne) og skjær i barer. La stå for å stivne.

Aprikos firkanter

Gjør 12

50 g/2 oz/¼ kopp smør eller margarin

175 g/6 oz/1 liten boks fordampet melk

15 ml/1 ss klar honning

45 ml/3 ss eplejuice

50 g/2 oz/¼ kopp mykt brunt sukker

50 g/2 oz/1/3 kopp sultanas (gyldne rosiner)

225 g/8 oz/11/3 kopper klare til å spise tørkede aprikoser, hakket

100 g/4 oz/1 kopp tørket (revet) kokosnøtt

225 g/8 oz/2 kopper havregryn

Smelt smøret eller margarinen med melk, honning, eplejuice og sukker. Rør inn de resterende ingrediensene. Trykk ut i en smurt 25 cm/12 i bakeform (form) og avkjøl før du skjærer i firkanter.

Aprikos sveitsisk rullekake

Gjør en 23 cm/9 i kake

400 g/14 oz/1 stor boks aprikoshalvdeler, drenert og juice reservert

50 g/2 oz/½ kopp vaniljesaus pulver

75 g/3 oz/¼ kopp aprikosgelé (klar konservert)

75 g/3 oz/½ kopp spiseklare tørkede aprikoser, hakket

400 g/14 oz/1 stor boks kondensert melk

225 g/8 oz/1 kopp cottage cheese

45 ml/3 ss sitronsaft

1 Swiss Roll, i skiver

Fyll opp aprikosjuicen med vann for å lage 500 ml/17 fl oz/2¼ kopper. Bland vaniljesauspulveret til en pasta med litt av væsken, og kok deretter opp resten. Rør inn vaniljesaus og aprikosgelé og la det småkoke til det er tykt og blankt, mens du rører kontinuerlig. Mos de hermetiske aprikosene og tilsett blandingen med de tørkede aprikosene. La avkjøle, rør av og til.

Pisk sammen kondensert melk, cottage cheese og sitronsaft til det er godt blandet, og rør deretter inn i geléblandingen. Kle en 23 cm/9 i kakeform (form) med klamfilm (plastfolie) og legg sveitsisk (gelé) rulleskivene over bunnen og sidene av formen. Hell i kakeblandingen og avkjøl til den er stivnet. Vend forsiktig ut når du er klar til servering.

Ødelagte kjekskaker

Gjør 12

100 g/4 oz/½ kopp smør eller margarin

30 ml/2 ss rørsukker (superfint).

15 ml/1 ss gylden (lys mais) sirup

30 ml/2 ss kakaopulver (usøtet sjokolade).

225 g/8 oz/2 kopper knuste kjeks (cookie) smuler

50 g/2 oz/1/3 kopp sultanas (gyldne rosiner)

Smelt smøret eller margarinen med sukker og sirup uten å la blandingen koke. Rør inn kakao, kjeks og sultanas. Trykk inn i en smurt 25 cm/10 i bakeform (form), la avkjøles og avkjøl til den er fast. Skjær i firkanter.

No-bake Buttermilk Cake

Gjør en 23 cm/9 i kake

30 ml/2 ss vaniljesaus pulver

100 g/4 oz/½ kopp strøsukker (superfint).

450 ml/¾ pt/2 kopper melk

175 ml/6 fl oz/¾ kopp kjernemelk

25 g/1 oz/2 ss smør eller margarin

400 g/12 oz vanlige kjeks (cookies), knust

120 ml/4 fl oz/½ kopp kremfløte

Bland vaniljesaus og sukker til en pasta med litt av melken. Kok opp den resterende melken. Rør det inn i pastaen, sett deretter hele blandingen tilbake i pannen og rør over lav varme i ca 5 minutter til den tykner. Rør inn kjernemelken og smør eller margarin. Ha lag med knust kjeks og vaniljesausblanding i en 23 cm/9 kakeform (form) dekket med plastfolie eller i en glassform. Trykk forsiktig ned og avkjøl til stivnet. Pisk kremfløten til den er stiv, rør deretter rosetter med krem på toppen av kaken. Server enten fra fatet, eller løft forsiktig ut for servering.

Kastanjeskive

Gir ett brød på 900 g/2 lb

225 g/8 oz/2 kopper vanlig (halvsøt) sjokolade

100 g/4 oz/½ kopp smør eller margarin, myknet

100 g/4 oz/½ kopp strøsukker (superfint).

450 g/1 lb/1 stor boks usøtet kastanjepuré

25 g/1 oz/¼ kopp rismel

Noen dråper vaniljeessens (ekstrakt)

150 ml/¼ pt/2/3 kopp kremfløte, pisket

Revet sjokolade til pynt

Smelt den vanlige sjokoladen i en varmefast bolle over en panne med lett kokende vann. Rør sammen smør eller margarin og sukker til det er lett og luftig. Pisk inn kastanjepuré, sjokolade, rismel og vaniljeessens. Vend inn i en smurt og foret 900 g/2 lb brødform (panne) og avkjøl til den er stiv. Pynt med kremfløte og revet sjokolade før servering.

Kastanjesvampkake

Gir en 900 g/2 lb kake

Til kaken:

400 g/14 oz/1 stor boks søtet kastanjepuré

100 g/4 oz/½ kopp smør eller margarin, myknet

1 egg

Noen dråper vaniljeessens (ekstrakt)

30 ml/2 ss konjakk

24 fingerkjeks med svamp (informasjonskapsler)

For glasuren:

30 ml/2 ss kakaopulver (usøtet sjokolade).

15 ml/1 ss rørsukker (superfint).

30 ml/2 ss vann

Til smørkremen:

100 g/4 oz/½ kopp smør eller margarin, myknet

100 g/4 oz/2/3 kopp glasur (konditorsukker), siktet

15 ml/1 ss kaffeessens (ekstrakt)

For å lage kaken, bland sammen kastanjepuré, smør eller margarin, egg, vaniljeessens og 15 ml/1 ss konjakk og pisk til en jevn masse. Smør og kle en 900 g/2 lb brødform (panne) og kle bunnen og sidene med svampfingrene. Dryss den resterende konjakken over kjeksene og øs kastanjeblandingen i midten. Avkjøl til den er stiv.

Løft ut av formen og fjern foringspapiret. Løs opp glasuringrediensene i en varmebestandig bolle satt over en kjele med lett kokende vann, rør til jevn. La avkjøle litt, og pensle så det meste av glasuren over toppen av kaken. Rør sammen smørkremingrediensene til de er jevne, og rør deretter i virvler rundt kanten av kaken. Drypp med den reserverte glasuren til slutt.

Sjokolade og mandelbarer

Gjør 12

175 g/6 oz/1½ kopper vanlig (halvsøt) sjokolade, hakket

3 egg, separert

120 ml/½ kopp melk

10 ml/2 ts pulverisert gelatin

120 ml/½ kopp dobbel (tung) krem

45 ml/3 ss rørsukker (superfint).

60 ml/4 ss ristede mandler i flak

Smelt sjokoladen i en varmefast bolle over en panne med lett kokende vann. Ta av varmen og pisk inn eggeplommene. Kok opp melken i en egen panne, og visp inn gelatinen. Rør inn i sjokoladeblandingen, og rør deretter inn fløten. Pisk eggehvitene til de er stive, tilsett deretter sukkeret og pisk igjen til de er stive og blanke. Vend inn i blandingen. Hell i en smurt og fôret brødform på 450 g/1 lb, dryss over de ristede mandlene og la avkjøles, og avkjøl i minst 3 timer til den har stivnet. Snu og skjær i tykke skiver til servering

Sjokoladekake

Gir ett brød på 450 g/1 lb

150 g/5 oz/2/3 kopp smør eller margarin
30 ml/2 ss gylden (lys mais) sirup

175 g/6 oz/1½ kopper digestive kjeks (Graham cracker) smuler

50 g/2 oz/2 kopper puffet risblanding

25 g/1 oz/3 ss sultanas (gyldne rosiner)

25 g/1 oz/2 ss glace (kandiserte) kirsebær, hakket

225 g/8 oz/2 kopper sjokoladebiter

30 ml/2 ss vann

175 g/6 oz/1 kopp melis (konditorsukker), siktet

Smelt 100 g/4 oz/½ kopp av smøret eller margarinen med sirupen, fjern deretter fra varmen og rør inn kjekssmulene, frokostblandingen, sultanas, kirsebær og tre fjerdedeler av sjokoladebitene. Hell i en smurt og foret brødform på 450 g/1 lb (panne) og glatt toppen. Avkjøl til den er stiv. Smelt resten av smøret eller margarinen med den resterende sjokoladen og vannet. Rør inn melis og bland til en jevn masse. Ta kaken ut av formen og halver den på langs. Smørbrød sammen med halvparten av sjokoladeglasuren (frosting), legg på et serveringsfat, og hell deretter over den resterende glasuren. Avkjøl før servering.

Sjokoladesmulefirkanter

Gjør ca 24

225 g/8 oz digestive kjeks (Graham kjeks)

100 g/4 oz/½ kopp smør eller margarin

25 g/1 oz/2 ss rørsukker (superfint).

15 ml/1 ss gylden (lys mais) sirup

45 ml/3 ss kakaopulver (usøtet sjokolade).

200 g/7 oz/1¾ kopper sjokoladekaketrekk

Legg kjeksene i en plastpose og knus med en kjevle. Smelt smøret eller margarinen i en panne, og rør deretter inn sukker og sirup. Ta av varmen og rør inn kjekssmulene og kakaoen. Vend inn i en smurt og kledd 18 cm/7 i firkantet kakeform og trykk jevnt ned. La det avkjøles, og avkjøl deretter i kjøleskapet til det stivner.

Smelt sjokoladen i en varmefast bolle over en panne med lett kokende vann. Fordel over kjeksen, marker i linjer med en gaffel mens du stiller. Skjær i firkanter når de er faste.

Sjokolade kjøleskapskake

Gir en kake på 450 g

100 g/4 oz/½ kopp mykt brunt sukker

100 g/4 oz/½ kopp smør eller margarin

50 g/2 oz/½ kopp drikkesjokoladepulver

25 g/1 oz/¼ kopp kakao (usøtet sjokolade) pulver

30 ml/2 ss gylden (lys mais) sirup

150 g/5 oz digestive kjeks (Graham kjeks) eller fyldige tekjeks

50 g/2 oz/¼ kopp glacé (kandiserte) kirsebær eller blandede nøtter og rosiner

100 g/4 oz/1 kopp melkesjokolade

Ha sukker, smør eller margarin, drikkesjokolade, kakao og sirup i en panne og varm forsiktig til smøret har smeltet, rør godt. Ta av varmen og smuldre i kjeksen. Rør inn kirsebær eller nøtter og rosiner og hell i en 450 g/1 lb brødform (panne). La stå i kjøleskapet til avkjøling.

Smelt sjokoladen i en varmefast bolle over en panne med lett kokende vann. Fordel over toppen av den avkjølte kaken og skjær i skiver når den er stivnet.

Sjokolade og fruktkake

Gjør en 18 cm/7 i kake

100 g/4 oz/½ kopp smør eller margarin, smeltet

100 g/4 oz/½ kopp mykt brunt sukker

225 g/8 oz/2 kopper digestive kjeks (Graham cracker) smuler

50 g/2 oz/1/3 kopp sultanas (gyldne rosiner)

45 ml/3 ss kakaopulver (usøtet sjokolade).

1 egg, pisket

Noen dråper vaniljeessens (ekstrakt)

Bland smør eller margarin og sukker, rør deretter inn de resterende ingrediensene og pisk godt. Hell i en smurt 18 cm/7 sandwichform (panne) og glatt overflaten. Avkjøl til stivnet.

Sjokolade- og ingefærruter

Gjør 24

100 g/4 oz/½ kopp smør eller margarin

100 g/4 oz/½ kopp mykt brunt sukker

30 ml/2 ss kakaopulver (usøtet sjokolade).

1 egg, lett pisket

225 g/8 oz/2 kopper ingefærkjeks (informasjonskapsel) smuler

15 ml/1 ss hakket krystallisert (kandisert) ingefær

Smelt smøret eller margarinen, og rør deretter inn sukker og kakao til det er godt blandet. Bland inn egg, kjekssmuler og ingefær. Trykk ut i en Swiss Roll-form (gelérullpanne) og avkjøl til den er stiv. Skjær i firkanter.

Luksus sjokolade- og ingefærruter

Gjør 24

100 g/4 oz/½ kopp smør eller margarin

100 g/4 oz/½ kopp mykt brunt sukker

30 ml/2 ss kakaopulver (usøtet sjokolade).

1 egg, lett pisket

225 g/8 oz/2 kopper ingefærkjeks (informasjonskapsel) smuler

15 ml/1 ss hakket krystallisert (kandisert) ingefær

100 g/4 oz/1 kopp vanlig (halvsøt) sjokolade

Smelt smøret eller margarinen, og rør deretter inn sukker og kakao til det er godt blandet. Bland inn egg, kjekssmuler og ingefær. Trykk ut i en Swiss Roll-form (gelérullpanne) og avkjøl til den er stiv.

Smelt sjokoladen i en varmefast bolle over en panne med lett kokende vann. Fordel over kaken og la stivne. Skjær i firkanter når sjokoladen er nesten hard.

Honningsjokoladekaker

Gjør 12

225 g/8 oz/1 kopp smør eller margarin

30 ml/2 ss klar honning

90 ml/6 ss johannesbrød eller kakao (usøtet sjokolade) pulver

225 g/8 oz/2 kopper søt kjeks (kake) smuler

Smelt smør eller margarin, honning og johannesbrød eller kakaopulver i en panne til det er godt blandet. Bland inn kjekssmulene. Hell i en smurt 20 cm/8 i firkantet kakeform (form) og la den avkjøles, og skjær deretter i firkanter.

Sjokolade lagkake

Gir en kake på 450 g

300 ml/½ pt/1¼ kopper dobbel (tung) krem

225 g/8 oz/2 kopper vanlig (halvsøt) sjokolade, brutt opp

5 ml/1 ts vaniljeessens (ekstrakt)

20 vanlige kjeks (cookies)

Varm opp fløten i en panne på svak varme til den nesten koker. Ta av varmen og tilsett sjokoladen, rør, dekk til og la stå i 5 minutter. Rør inn vaniljeessensen og bland til den er godt blandet, og avkjøl til blandingen begynner å tykne.

Kle en brødform på 450 g/1 lb (panne) med klamfilm (plastfolie). Fordel et lag sjokolade på bunnen, og legg deretter noen kjeks i et lag på toppen. Fortsett å legge sjokolade og kjeks lagvis til du har brukt dem opp. Avslutt med et lag sjokolade. Dekk til med film og avkjøl i minst 3 timer. Vend ut kaken og fjern plastfolien.

Fine sjokoladebarer

Gjør 12

100 g/4 oz/½ kopp smør eller margarin

30 ml/2 ss gylden (lys mais) sirup

30 ml/2 ss kakaopulver (usøtet sjokolade).

225 g/8 oz/1 pakke fine eller vanlige kjeks (cookies), grovt knust

100 g/4 oz/1 kopp vanlig (halvsøt) sjokolade, i terninger

Smelt smør eller margarin og sirup, ta deretter av varmen og rør inn kakao og knuste kjeks. Fordel blandingen i en 23 cm/9 i firkantet kakeform (form) og jevn overflaten. Smelt sjokoladen i en varmefast bolle over en kjele med lett kokende vann og fordel den på toppen. La det avkjøles litt, skjær deretter i barer eller firkanter og avkjøl til det er stivnet.

Sjokoladepralineruter

Gjør 12

100 g/4 oz/½ kopp smør eller margarin

30 ml/2 ss rørsukker (superfint).

15 ml/1 ss gylden (lys mais) sirup

15 ml/1 ss drikkesjokoladepulver

225 g/8 oz digestive kjeks (Graham kjeks), knust

200 g/7 oz/1¾ kopper vanlig (halvsøt) sjokolade

100 g/4 oz/1 kopp hakkede blandede nøtter

Smelt smør eller margarin, sukker, sirup og drikkesjokolade i en panne. Kok opp, og kok deretter i 40 sekunder. Ta av varmen og rør inn kjeks og nøtter. Trykk ut i en smurt 28 x 18 cm/11 x 7 i kakeform (form). Smelt sjokoladen i en varmefast bolle over en panne med lett kokende vann. Fordel over kjeksene og la avkjøle, og avkjøl deretter i 2 timer før du skjærer i firkanter.

Kokos crunchies

Gjør 12

100 g/4 oz/1 kopp vanlig (halvsøt) sjokolade

30 ml/2 ss melk

30 ml/2 ss gylden (lys mais) sirup

100 g/4 oz/4 kopper puffet risblanding

50 g/2 oz/½ kopp tørket (revet) kokosnøtt

Smelt sjokolade, melk og sirup i en panne. Ta av varmen og rør inn frokostblandingen og kokosnøtten. Hell i papirkakeformer (cupcakepapir) og la stivne.

Crunch Bars

Gjør 12

175 g/6 oz/¾ kopp smør eller margarin

50 g/2 oz/¼ kopp mykt brunt sukker

30 ml/2 ss gylden (lys mais) sirup

45 ml/3 ss kakaopulver (usøtet sjokolade).

75 g/3 oz/½ kopp rosiner eller sultanas (gylne rosiner)

350 g/12 oz/3 kopper havre crunch frokostblanding

225 g/8 oz/2 kopper vanlig (halvsøt) sjokolade

Smelt smøret eller margarinen med sukker, sirup og kakao. Rør inn rosinene eller sultanas og frokostblandingen. Trykk blandingen ut i en smurt 25 cm/12 i bakeform (form). Smelt sjokoladen i en varmefast bolle over en panne med lett kokende vann. Fordel over barene og la avkjøle, og avkjøl før du skjærer dem i skiver.

Kokosnøtt og rosin crunchies

Gjør 12

100 g/4 oz/1 kopp hvit sjokolade

30 ml/2 ss melk

30 ml/2 ss gylden (lys mais) sirup

175 g/6 oz/6 kopper puffet risblanding

50 g/2 oz/1/3 kopp rosiner

Smelt sjokolade, melk og sirup i en panne. Ta av varmen og rør inn frokostblandingen og rosinene. Hell i papirkakeformer (cupcakepapir) og la stivne.

Kaffemelkfirkanter

Gjør 20

25 g/1 oz/2 ss pulverisert gelatin

75 ml/5 ss kaldt vann

225 g/8 oz/2 kopper vanlige kjeks (informasjonskapsler) smuler

50 g/2 oz/¼ kopp smør eller margarin, smeltet

400 g/14 oz/1 stor boks fordampet melk

150 g/5 oz/2/3 kopp strøsukker (superfint).

400 ml/14 fl oz/1¾ kopper sterk svart kaffe, iskald

Pisket krem og krystalliserte (kandiserte) appelsinskiver til dekorasjon

Dryss gelatinen over vannet i en bolle og la det stå til det er svampaktig. Sett bollen i en panne med varmt vann og la den stå til den er oppløst. La avkjøle litt. Rør inn kjekssmulene i det smeltede smøret og trykk inn i bunnen og sidene av en smurt 30 x 20 cm/12 x 8 i rektangulær kakeform (form). Pisk den fordampede melken til den er tykk, pisk deretter inn sukkeret gradvis, etterfulgt av oppløst gelatin og kaffen. Hell over bunnen og avkjøl til stivnet. Skjær i firkanter og dekorer med pisket krem og krystalliserte (kandiserte) appelsinskiver.

Ubakt fruktkake

Gjør en 23 cm/9 i kake

450 g/1 lb/22/3 kopper tørket blandet frukt (fruktkakeblanding)

450 g/1 lb vanlige kjeks (cookies), knust

100 g/4 oz/½ kopp smør eller margarin, smeltet

100 g/4 oz/½ kopp mykt brunt sukker

400 g/14 oz/1 stor boks kondensert melk

5 ml/1 ts vaniljeessens (ekstrakt)

Bland sammen alle ingrediensene til det er godt blandet. Hell i en smurt 23 cm/9 kakeform (form) kledd med plastfolie og trykk ned. Avkjøl til den er stiv.

Fruktig firkanter

Gjør ca 12

100 g/4 oz/½ kopp smør eller margarin

100 g/4 oz/½ kopp mykt brunt sukker

400 g/14 oz/1 stor boks kondensert melk

5 ml/1 ts vaniljeessens (ekstrakt)

250 g/9 oz/1½ kopper tørket blandet frukt (fruktkakeblanding)

100 g/4 oz/½ kopp glacé (kandiserte) kirsebær

50 g/2 oz/½ kopp hakkede blandede nøtter

400 g/14 oz vanlige kjeks (cookies), knust

Smelt smør eller margarin og sukker på lav varme. Rør inn kondensert melk og vaniljeessens og ta av varmen. Bland inn de resterende ingrediensene. Trykk ut i en smurt svissrullform (gelérullpanne) og avkjøl i 24 timer til den er stiv. Skjær i firkanter.

Frukt- og fiberknitring

Gjør 12

100 g/4 oz/1 kopp vanlig (halvsøt) sjokolade

50 g/2 oz/¼ kopp smør eller margarin

15 ml/1 ss gylden (lys mais) sirup

100 g/4 oz/1 kopp frukt og fiber frokostblanding

Smelt sjokoladen i en varmefast bolle over en panne med lett kokende vann. Pisk inn smør eller margarin og sirup. Rør inn frokostblandingen. Hell i papirkakebokser (cupcake-papir) og la avkjøle og stivne.

Nougat lagkake

Gir en 900 g/2 lb kake

15 g/½ oz/1 ss pulverisert gelatin

100 ml/6½ ss vann

1 pakke småsvamper

225 g/8 oz/1 kopp smør eller margarin, myknet

50 g/2 oz/¼ kopp strøsukker (superfint).

400 g/14 oz/1 stor boks kondensert melk

5 ml/1 ts sitronsaft

5 ml/1 ts viljeessens (ekstrakt)

5 ml/1 ts krem av tartar

100 g/4 oz/2/3 kopp tørket blandet frukt (fruktkakeblanding), hakket

Dryss gelatinen over vannet i en liten bolle, og sett bollen i en panne med varmt vann til gelatinen er gjennomsiktig. Avkjøl litt. Kle en 900 g/2 lb brødform (panne) med folie slik at folien dekker toppen av formen, og plasser deretter halvparten av småsvampene på bunnen. Pisk sammen smør eller margarin og sukker til det er kremaktig, og pisk deretter inn alle de resterende ingrediensene. Hell i formen og legg de resterende småsvampene på toppen. Dekk med folie og legg en vekt på toppen. Avkjøl til den er stiv.

Melk og muskatruter

Gjør 20

For basen:

225 g/8 oz/2 kopper vanlige kjeks (informasjonskapsler) smuler

30 ml/2 ss mykt brunt sukker

2,5 ml/½ ts revet muskatnøtt

100 g/4 oz/½ kopp smør eller margarin, smeltet

For fyllet:

1,2 liter/2 pkt/5 kopper melk

25 g/1 oz/2 ss smør eller margarin

2 egg, separert

225 g/8 oz/1 kopp strøsukker (superfint).

100 g/4 oz/1 kopp maismel (maisstivelse)

50 g/2 oz/½ kopp vanlig (all-purpose) mel

5 ml/1 ts bakepulver

En klype revet muskatnøtt

Revet muskatnøtt til dryss

For å lage bunnen blander du kjeks, sukker og muskat i det smeltede smøret eller margarinen og trykker inn i bunnen av en smurt 30 x 20 cm/12 x 8 i kakeform (form).

For å lage fyllet, kok opp 1 liter/1¾ pts/4¼ kopper melk i en stor panne. Tilsett smøret eller margarinen. Pisk eggeplommene med den resterende melken. Bland inn sukker, maismel, mel, bakepulver og muskatnøtt. Pisk litt av den kokende melken inn i eggeplommeblandingen til den er blandet til en pasta, bland deretter pastaen inn i den kokende melken, rør kontinuerlig over svak varme i noen minutter til den tykner. Fjern fra varmen. Pisk eggehvitene til de er stive, og vend dem deretter inn i blandingen.

Hell over bunnen og dryss rikelig med muskatnøtt. La avkjøle, avkjøl og skjær i firkanter før servering.

Müsli Crunch

Gir ca 16 ruter

400 g/14 oz/3½ kopper vanlig (halvsøt) sjokolade

45 ml/3 ss gylden (lys mais) sirup

25 g/1 oz/2 ss smør eller margarin

Omtrent 225 g/8 oz/2/3 kopp müsli

Smelt sammen halvparten av sjokoladen, sirupen og smør eller margarin. Rør gradvis inn nok müsli til å lage en stiv blanding. Trykk ut i en smurt sveitserullform (gelérullform). Smelt resten av sjokoladen og jevn over toppen. Avkjøl i kjøleskapet før du skjærer i firkanter.

Oransje mousse firkanter

Gjør 20

25 g/1 oz/2 ss pulverisert gelatin

75 ml/5 ss kaldt vann

225 g/8 oz/2 kopper vanlige kjeks (informasjonskapsler) smuler

50 g/2 oz/¼ kopp smør eller margarin, smeltet

400 g/14 oz/1 stor boks fordampet melk

150 g/5 oz/2/3 kopp strøsukker (superfint).

400 ml/14 fl oz/1¾ kopper appelsinjuice

Pisket krem og sjokolade søtsaker til pynt

Dryss gelatinen over vannet i en bolle og la det stå til det er svampaktig. Sett bollen i en panne med varmt vann og la den stå til den er oppløst. La avkjøle litt. Rør kjekssmulene inn i det smeltede smøret og trykk på bunnen og sidene av en smurt 30 x 20 cm/12 x 8 i en grunn kakeform (form). Pisk melken til den blir tykk, pisk deretter inn sukkeret gradvis, etterfulgt av oppløst gelatin og appelsinjuice. Hell over bunnen og avkjøl til stivnet. Skjær i firkanter og pynt med pisket krem og sjokoladegodteri.

Peanøttfirkanter

Gjør 18

225 g/8 oz/2 kopper vanlige kjeks (informasjonskapsler) smuler

100 g/4 oz/½ kopp smør eller margarin, smeltet

225 g/8 oz/1 kopp crunchy peanøttsmør

25 g/1 oz/2 ss glacé (kandiserte) kirsebær

25 g/1 oz/3 ss rips

Bland sammen alle ingrediensene til det er godt blandet. Trykk inn i en smurt 25 cm/12 i bakeform (panne) og avkjøl til den er fast, skjær deretter i firkanter.

Peppermynte karamellkaker

Gjør 16

400 g/14 oz/1 stor boks kondensert melk

600 ml/1 pt/2½ kopper melk

30 ml/2 ss vaniljesaus pulver

225 g/8 oz/2 kopper digestive kjeks (Graham cracker) smuler

100 g/4 oz/1 kopp peppermyntesjokolade, delt i biter

Plasser den uåpnede boksen med kondensert melk i en panne fylt med tilstrekkelig vann til å dekke boksen. Kok opp, dekk til og la det småkoke i 3 timer, etterfyll med kokende vann etter behov. La det avkjøles, åpne deretter boksen og fjern karamellen.

Varm opp 500 ml/17 fl oz/2¼ kopper av melken med karamellen, kok opp og rør sammen til den er smeltet. Bland vaniljesauspulveret til en pasta med den gjenværende melken, rør det deretter inn i pannen og fortsett å småkoke til det tykner, mens du rører kontinuerlig. Dryss halvparten av kjekssmulene over bunnen av en smurt 20 cm/8 i firkantet kakeform (form), hell deretter halvparten av karamellkremen på toppen og strø halvparten av sjokoladen over. Gjenta lagene, og la deretter avkjøles. Avkjøl, kutt deretter i porsjoner for servering.

Riskjeks

Gjør 24

175 g/6 oz/½ kopp klar honning

225 g/8 oz/1 kopp granulert sukker

60 ml/4 ss vann

350 g/12 oz/1 boks puffet risblanding

100 g/4 oz/1 kopp ristede peanøtter

Smelt honning, sukker og vann i en stor panne, og la den avkjøles i 5 minutter. Rør inn frokostblandingen og peanøttene. Rull til kuler, legg i papirkakebokser (cupcakepapir) og la stå til det er avkjølt og stivnet.

Ris- og sjokoladetoffette

Gir 225 g/8 oz

50 g/2 oz/¼ kopp smør eller margarin

30 ml/2 ss gylden (lys mais) sirup

30 ml/2 ss kakaopulver (usøtet sjokolade).

60 ml/4 ss rørsukker (superfint).

50 g/2 oz/½ kopp malt ris

Smelt smør og sirup. Rør inn kakao og sukker til det er oppløst, og rør deretter inn malt ris. Kok forsiktig opp, reduser varmen og la det småkoke i 5 minutter under konstant omrøring. Hell i en smurt og kledd 20 cm/8 i firkantet form (panne) og la avkjøles litt. Skjær i firkanter, og la deretter avkjøles helt før du løfter ut av formen.

Mandelpasta

Dekker toppen og sidene på en 23 cm/9 i kake

225 g/8 oz/2 kopper malte mandler

225 g/8 oz/11/3 kopper melis (konditorers) sukker, siktet

225 g/8 oz/1 kopp strøsukker (superfint).

2 egg, lett pisket

10 ml/2 ts sitronsaft

Noen dråper mandelessens (ekstrakt)

Pisk sammen mandler og sukker. Bland gradvis inn de resterende ingrediensene til du har en jevn pasta. Pakk inn plastfolie (plastfolie) og avkjøl før bruk.

Sukkerfri mandelpasta

Dekker toppen og sidene på en 15 cm/6 i kake

100 g/4 oz/1 kopp malte mandler

50 g/2 oz/½ kopp fruktose

25 g/1 oz/¼ kopp maismel (maisstivelse)

1 egg, lett pisket

Bland sammen alle ingrediensene til du har en jevn pasta. Pakk inn i klamfilm (plastfolie) og avkjøl før bruk.

Royal Icing

Dekker toppen og sidene på en 20 cm/8 i kake

5 ml/1 ts sitronsaft

2 eggehviter

450 g/1 lb/22/3 kopper melis (konditorsukker), siktet

5 ml/1 ts glyserin (valgfritt)

Bland sammen sitronsaft og eggehviter og pisk inn melis gradvis til glasuren (frosting) er glatt og hvit og vil dekke baksiden av en skje. Noen dråper glyserin vil forhindre at glasuren blir for sprø. Dekk til med en fuktig klut og la stå i 20 minutter slik at eventuelle luftbobler kommer opp til overflaten.

Glasur av denne konsistensen kan helles på kaken og jevnes med en kniv dyppet i varmt vann. For piping blander du inn ekstra melis slik at glasuren blir stiv nok til å stå i topper.

Sukkerfri glasur

Gir nok til å dekke en 15 cm/6 i kake

50 g/2 oz/½ kopp fruktose

En klype salt

1 eggehvite

2,5 ml/½ ts sitronsaft

Bearbeid fruktosepulveret i en foodprosessor til det er like fint som melis. Bland inn saltet. Ha over i en varmefast bolle og visp inn eggehvite og sitronsaft. Sett bollen over en panne med lett kokende vann og fortsett å visp til det dannes stive topper. Fjern fra varmen og visp til den er avkjølt.

Fondant glasur

Gir nok til å dekke en 20 cm/8 i kake

450 g/1 lb/2 kopper caster (superfin) eller sukkerbiter

150 ml/¼ pt/2/3 kopp vann

15 ml/1 ss flytende glukose eller 2,5 ml/½ ts krem av tartar

Løs opp sukkeret i vannet i en stor, tykkbasert panne på lav varme. Tørk av sidene av pannen med en børste dyppet i kaldt vann for å unngå at det dannes krystaller. Løs opp kremen av tartar i litt vann, og rør deretter inn i pannen. Kok opp og kok jevnt til 115°C/242°F når en dråpe glasur danner en myk ball når den slippes i kaldt vann. Hell sirupen sakte i en varmefast bolle og la den stå til et skinn dannes. Pisk glasuren med en tresleiv til den blir ugjennomsiktig og fast. Elt til det er glatt. Varm opp i en varmefast bolle over en panne med varmt vann for å bli mykne, om nødvendig, før bruk.

Smørglasur

Gir nok til å fylle og dekke en 20 cm/8 i kake

100 g/4 oz/½ kopp smør eller margarin, myknet

225 g/8 oz/11/3 kopper melis (konditorsukker), siktet

30 ml/2 ss melk

Pisk smør eller margarin til det er mykt. Pisk gradvis inn melis og melk til det er godt blandet.

Sjokolade smørglasur

Gir nok til å fylle og dekke en 20 cm/8 i kake

30 ml/2 ss kakaopulver (usøtet sjokolade).

15 ml/1 ss kokende vann

100 g/4 oz/½ kopp smør eller margarin, myknet

225 g/8 oz/11/3 kopper melis (konditorers) sukker, siktet

15 ml/1 ss melk

Bland kakaoen til en pasta med det kokende vannet, og la den avkjøles. Pisk smør eller margarin til det er mykt. Pisk gradvis inn melis, melk og kakaoblandingen til den er godt blandet.

Hvit sjokoladesmørglasur

Gir nok til å fylle og dekke en 20 cm/8 i kake

100 g/4 oz/1 kopp hvit sjokolade

100 g/4 oz/½ kopp smør eller margarin, myknet

225 g/8 oz/11/3 kopper melis (konditorers) sukker, siktet

15 ml/1 ss melk

Smelt sjokoladen i en varmefast bolle over en panne med lett kokende vann, og la den avkjøles litt. Pisk smør eller margarin til det er mykt. Pisk gradvis inn melis, melk og sjokolade til det er godt blandet.

Kaffesmørglasur

Gir nok til å fylle og dekke en 20 cm/8 i kake

100 g/4 oz/½ kopp smør eller margarin, myknet

225 g/8 oz/11/3 kopper melis (konditorsukker), siktet

15 ml/1 ss melk

15 ml/1 ss kaffeessens (ekstrakt)

Pisk smør eller margarin til det er mykt. Pisk gradvis inn melis, melk og kaffeessens til det er godt blandet.

Sitronsmørglasur

Gir nok til å fylle og dekke en 20 cm/8 i kake

100 g/4 oz/½ kopp smør eller margarin, myknet

225 g/8 oz/11/3 kopper melis (konditorsukker), siktet

30 ml/2 ss sitronsaft

Revet skall av 1 sitron

Pisk smør eller margarin til det er mykt. Pisk gradvis inn melis, sitronsaft og skall til det er godt blandet.

Oransje smørglasur

Gir nok til å fylle og dekke en 20 cm/8 i kake

100 g/4 oz/½ kopp smør eller margarin, myknet

225 g/8 oz/11/3 kopper melis (konditorsukker), siktet

30 ml/2 ss appelsinjuice

Revet skall av 1 appelsin

Pisk smør eller margarin til det er mykt. Pisk gradvis inn melis, appelsinjuice og skall til det er godt blandet.

Kremosteglasur

Gir nok til å dekke en 25 cm/9 i kake

75 g/3 oz/1/3 kopp kremost

30 ml/2 ss smør eller margarin

350 g/12 oz/2 kopper melis (konditorsukker), siktet

5 ml/1 ts vaniljeessens (ekstrakt)

Pisk sammen ost og smør eller margarin til det er lett og luftig. Pisk gradvis inn melis og vaniljeessens til du har en jevn, kremet glasur.

Oransje glasur

Gir nok til å dekke en 25 cm/9 i kake

250 g/9 oz/1½ kopper melis (konditorsukker), siktet

30 ml/2 ss smør eller margarin, myknet

Noen dråper mandelessens (ekstrakt)

60 ml/4 ss appelsinjuice

Ha melis i en bolle og bland inn smør eller margarin og mandelessens. Bland gradvis inn nok av appelsinjuicen til å lage en stiv glasur.

Appelsinlikørglasur

Gir nok til å dekke en 20 cm/8 i kake

100 g/4 oz/½ kopp smør eller margarin, myknet

450 g/1 lb/22/3 kopper melis (konditorsukker), siktet

60 ml/4 ss appelsinlikør

15 ml/1 ss revet appelsinskall

Rør sammen smør eller mar-garin og sukker til det er lett og luftig. Pisk inn nok av appelsinlikøren til å gi en smørbar konsistens, og rør deretter inn appelsinskallet.

Ferskenkake

Gjør en 23 cm/9 i kake

100 g/4 oz/½ kopp smør eller margarin, myknet

225 g/8 oz/1 kopp strøsukker (superfint).

3 egg, separert

450 g/1 lb/4 kopper vanlig (all-purpose) mel

En klype salt

5 ml/1 ts bikarbonat brus (natron)

120 ml/½ kopp melk

225 g/8 oz/2/3 kopp ferskensyltetøy (konserver)

Rør sammen smør eller margarin og sukker. Pisk gradvis inn eggeplommene, vend deretter inn mel og salt. Bland bikarbonaten av brus med melken, bland deretter inn i kakeblandingen, etterfulgt av syltetøyet. Pisk eggehvitene til de er stive, og vend deretter inn i blandingen. Hell inn i to smurte og kledde 23 cm/9 i kakeformer og stek i en forvarmet ovn ved 180°C/350°F/gassmerke 4 i 25 minutter til de er godt hevet og fjærende å ta på.

Appelsin og Marsala kake

Gjør en 23 cm/9 i kake

175 g/6 oz/1 kopp sultanas (gyldne rosiner)

120 ml/4 fl oz/½ kopp Marsala

175 g/6 oz/¾ kopp smør eller margarin, myknet

100 g/4 oz/½ kopp mykt brunt sukker

225 g/8 oz/1 kopp strøsukker (superfint).

3 egg, lett pisket

Finrevet skall av 1 appelsin

5 ml/1 ts oransje blomstervann

275 g/10 oz/2½ kopper vanlig (all-purpose) mel

10 ml/2 ts bikarbonat brus (natron)

En klype salt

375 ml/13 fl oz/1½ kopper kjernemelk

Appelsinlikørglasur

Bløtlegg sultanas i Marsala over natten.

Rør sammen smør eller margarin og sukker til det er lett og luftig. Pisk inn eggene gradvis, bland deretter inn appelsinskallet og appelsinblomstvannet. Bland inn mel, bikarbonat av brus og salt vekselvis med kjernemelken. Rør inn de bløtlagte sultanas og Marsala. Hell i to smurte og forede 23 cm/9 kakeformer og stek i en forvarmet ovn ved 180°C/350°F/gassmerke 4 i 35 minutter til den er fjærende å ta på og begynner å krympe bort fra sidene av boksene. La avkjøle i formene i 10 minutter før du vender ut på rist for å avslutte avkjølingen.

Smør kakene sammen med halvparten av appelsinlikørglasuren, og fordel deretter den resterende glasuren på toppen.

Fersken- og pærekake

Gjør en 23 cm/9 i kake

175 g/6 oz/¾ kopp smør eller margarin, myknet

150 g/5 oz/2/3 kopp strøsukker (superfint).

2 egg, lett pisket

75 g/3 oz/¾ kopp fullkornsmel (helhvete).

75 g/3 oz/¾ kopp vanlig (all-purpose) mel

10 ml/2 ts bakepulver

15 ml/1 ss melk

2 ferskener, steinet (uthulet), flådd og hakket

2 pærer, skrelles, kjernekjernes og hakkes

30 ml/2 ss melis (konditorsukker), siktet

Rør sammen smør eller margarin og sukker til det er lett og luftig. Pisk inn eggene gradvis, vend deretter inn mel og bakepulver, tilsett melken for å gi blandingen en dryppende konsistens. Brett inn fersken og pærer. Hell blandingen i en smurt og kledd 23 cm/9 kakeform (form) og stek i en forvarmet ovn ved 190°C/375°F/gassmerke 5 i 1 time til den har hevet seg godt og fjærende å ta på. La avkjøle i formen i 10 minutter før du vender ut på rist for å avslutte avkjølingen. Dryss med melis før servering.

Fuktig ananaskake

Gjør en 20 cm/8 i kake

100 g/4 oz/½ kopp smør eller margarin

350 g/12 oz/2 kopper tørket blandet frukt (fruktkakeblanding)

225 g/8 oz/1 kopp mykt brunt sukker

5 ml/1 ts malt blandet (eplepai) krydder

5 ml/1 ts bikarbonat brus (natron)

425 g/15 oz/1 stor boks usøtet knust ananas, drenert

225 g/8 oz/2 kopper selvhevende (selvhevende) mel

2 egg, pisket

Ha alle ingrediensene unntatt mel og egg i en panne og varm forsiktig opp til kokepunktet, rør godt. Kok jevnt i 3 minutter, og la deretter blandingen avkjøles helt. Rør inn melet, og rør deretter gradvis inn eggene. Vend blandingen inn i en smurt og kledd 20 cm/8 kakeform og stek i en forvarmet ovn ved 180°C/350°F/gassmerke 4 i 1½–1¾ time til den er godt hevet og fast å ta på. La avkjøle i formen.

Ananas- og kirsebærkake

Gjør en 20 cm/8 i kake

100 g/4 oz/½ kopp smør eller margarin, myknet

100 g/4 oz/1 kopp strøsukker (superfint).

2 egg, pisket

225 g/8 oz/2 kopper selvhevende (selvhevende) mel

2,5 ml/½ ts bakepulver

2,5 ml/½ ts malt kanel

175 g/6 oz/1 kopp sultanas (gyldne rosiner)

25 g/1 oz/2 ss glacé (kandiserte) kirsebær

400 g/14 oz/1 stor boks ananas, drenert og hakket

30 ml/2 ss konjakk eller rom

Glasur (konditorers) sukker, siktet, til støv

Rør sammen smør eller margarin og sukker til det er lett og luftig. Pisk inn eggene gradvis, og vend deretter inn mel, bakepulver og kanel. Rør forsiktig inn de resterende ingrediensene. Hell blandingen i en smurt og kledd 20 cm/8 kakeform (form) og stek i en forvarmet ovn ved 160°C/325°F/gassmerke 3 i 1½ time til et spyd som er satt inn i midten kommer ut rent. La avkjøle, og server deretter drysset med melis.

Natal ananas kake

Gjør en 23 cm/9 i kake

50 g/2 oz/¼ kopp smør eller margarin

100 g/4 oz/½ kopp strøsukker (superfint).

1 egg, lett pisket

150 g/5 oz/1¼ kopper selvhevende (selvhevende) mel

En klype salt

120 ml/½ kopp melk

For toppingen:

100 g/4 oz fersk eller hermetisk ananas, grovt revet

1 spise (dessert) eple, skrelt, kjernehuset og grovt revet

120 ml/½ kopp appelsinjuice

15 ml/1 ss sitronsaft

100 g/4 oz/½ kopp strøsukker (superfint).

5 ml/1 ts malt kanel

Smelt smøret eller margarinen og pisk deretter inn sukker og egg til det er skummende. Rør inn mel og salt vekselvis med melken for å lage en røre. Hell i en smurt og kledd 23 cm/9 kakeform (form) og stek i en forvarmet ovn ved 180°C/350°F/gassmerke 4 i 25 minutter til den er gylden og spenstig.

Kok opp alle toppingsingrediensene, og la det småkoke i 10 minutter. Hell over den varme kaken og grill (stek) til ananasen begynner å bli brun. Avkjøl før servering varm eller kald.

Ananas opp-ned

Gjør en 20 cm/8 i kake

175 g/6 oz/¾ kopp smør eller margarin, myknet

175 g/6 oz/¾ kopp mykt brunt sukker

400 g/14 oz/1 stor boks ananasskiver, drenert og reservert juice

4 glacé (kandiserte) kirsebær, halvert

2 egg

100 g/4 oz/1 kopp selvhevende (selvhevende) mel

Krem 75 g/3 oz/1/3 kopp av smøret eller margarinen med 75 g/3 oz/1/3 kopp av sukkeret til det er lett og luftig og fordel utover bunnen av en smurt 20 cm/8 kakeform (panne). Legg ananasskivene på toppen og prikk med kirsebærene med avrundet side ned. Rør sammen resten av smøret eller margarinen og sukkeret, og pisk deretter inn eggene gradvis. Vend inn melet og 30 ml/2 ss av den reserverte ananasjuicen. Hell over ananasen og stek i en forvarmet ovn ved 180°C/350°F/gassmerke 4 i 45 minutter til den er fast ved berøring. La avkjøle i formen i 5 minutter, ta deretter forsiktig ut av formen og snu den over på en rist for avkjøling.

Ananas og valnøttkake

Gjør en 23 cm/9 i kake

225 g/8 oz/1 kopp smør eller margarin, myknet

225 g/8 oz/1 kopp strøsukker (superfint).

5 egg

350 g/12 oz/3 kopper vanlig (all-purpose) mel

100 g/4 oz/1 kopp valnøtter, grovhakkede

100 g/4 oz/2/3 kopp glacé (kandisert) ananas, hakket

Litt melk

Rør sammen smør eller margarin og sukker til det er lett og luftig. Pisk inn eggene gradvis, vend deretter inn mel, nøtter og ananas, og tilsett akkurat nok melk til å gi en dryppende konsistens. Hell i en smurt og kledd 23 cm/9 kakeform (form) og stek i en forvarmet ovn ved 150°C/300°F/gassmerke 2 i 1½ time til et spyd som er satt inn i midten kommer ut rent.

Bringebærkake

Gjør en 20 cm/8 i kake

100 g/4 oz/½ kopp smør eller margarin, myknet

200 g/7 oz/små 1 kopp caster (superfint) sukker

2 egg, lett pisket

250 ml/8 fl oz/1 kopp syrnet (meierisyre) krem

5 ml/1 ts vaniljeessens (ekstrakt)

250 g/9 oz/2¼ kopper vanlig (all-purpose) mel

5 ml/1 ts bakepulver

5 ml/1 ts bikarbonat brus (natron)

5 ml/1 ts kakaopulver (usøtet sjokolade).

2,5 ml/½ ts salt

100 g friske eller tinte frosne bringebær

For toppingen:
30 ml/2 ss rørsukker (superfint).

5 ml/1 ts malt kanel

Rør sammen smør eller margarin og sukker. Pisk gradvis inn eggene, deretter rømme og vaniljeessens. Bland inn mel, bakepulver, bikarbonat, kakao og salt. Vend inn bringebærene. Hell i en smurt 20 cm/8 kakeform (form). Bland sammen sukker og kanel og dryss over toppen av kaken. Stek i en forvarmet ovn ved 200°C/400°F/gassmerke 4 i 35 minutter til den er gyldenbrun og et spyd i midten kommer ut rent. Dryss over sukkeret blandet med kanel.

Rabarbra kake

Gjør en 20 cm/8 i kake

225 g/8 oz/2 kopper fullkornsmel (helhvete).

10 ml/2 ts bakepulver

10 ml/2 ts malt kanel

45 ml/3 ss klar honning

175 g/6 oz/1 kopp sultanas (gyldne rosiner)

2 egg

150 ml/¼ pt/2/3 kopp melk

225 g/8 oz rabarbra, hakket

30 ml/2 ss demerara sukker

Bland alle ingrediensene bortsett fra rabarbraen og sukkeret. Rør inn rabarbraen og skje i en smurt og melet 20 cm/8 i kakeform (form). Dryss over sukkeret. Stek i en forvarmet ovn ved 180°C/350°F/gassmerke 4 i 45 minutter til den er stiv. La avkjøle i formen i 10 minutter før du vender ut.

Rabarbra-honning kake

Lager to 450 g/1 lb kaker

250 g/9 oz/2/3 kopp klar honning

120 ml/4 fl oz/½ kopp olje

1 egg, lett pisket

15 ml/1 ss bikarbonat brus (natron)

150 ml/¼ pt/2/3 kopp vanlig yoghurt

75 ml/5 ss vann

350 g/12 oz/3 kopper vanlig (all-purpose) mel

10 ml/2 ts salt

350 g/12 oz rabarbra, finhakket

5 ml/1 ts vaniljeessens (ekstrakt)

50 g/2 oz/½ kopp hakkede blandede nøtter

For toppingen:

75 g/3 oz/1/3 kopp mykt brunt sukker

5 ml/1 ts malt kanel

15 ml/1 ss smør eller margarin, smeltet

Bland sammen honning og olje, og pisk deretter inn egget. Bland bikarbonaten av brus i yoghurten og vannet til det er oppløst. Bland mel og salt og tilsett honningblandingen vekselvis med yoghurten. Rør inn rabarbra, vaniljeessens og nøtter. Hell i to smurte og forede brødformer på 450 g/1 lb. Bland sammen ingrediensene til toppingen og dryss over kakene. Stek i en forvarmet ovn ved 160°C/325°F/gassmerke 3 i 1 time til den er såvidt stiv og gyllen på toppen. La avkjøle i formene i 10 minutter, og vend deretter ut på en rist for å avslutte avkjølingen.

Rødbetekake

Gjør en 20 cm/8 i kake

250 g/9 oz/1¼ kopper vanlig (all-purpose) mel

15 ml/1 ss bakepulver

5 ml/1 ts malt kanel

En klype salt

150 ml/8 fl oz/1 kopp olje

300 g/11 oz/11/3 kopper strøsukker (superfint).

3 egg, separert

150 g/5 oz rå rødbeter, skrelt og grovt revet

150 g/5 oz gulrøtter, grovt revet

100 g/4 oz/1 kopp hakkede blandede nøtter

Bland sammen mel, bakepulver, kanel og salt. Pisk inn olje og sukker. Pisk inn eggeplommer, rødbeter, gulrøtter og nøtter. Pisk eggehvitene til de er stive, og vend deretter inn i blandingen med en metallskje. Hell blandingen inn i en smurt og kledd 20 cm/8 kakeform (form) og stek i en forvarmet ovn ved 180°C/350°F/gassmerke 4 i 1 time til den er spenstig å ta på.

Gulrot- og banankake

Gjør en 20 cm/8 i kake

175 g/6 oz gulrøtter, revet

2 bananer, most

75 g/3 oz/½ kopp sultanas (gyldne rosiner)

50 g/2 oz/½ kopp hakkede blandede nøtter

175 g/6 oz/1½ kopper selvhevende (selvhevende) mel

5 ml/1 ts bakepulver

5 ml/1 ts malt blandet (eplepai) krydder

Saft og revet skall av 1 appelsin

2 egg, pisket

75 g/3 oz/1/2 kopp lyst muscovadosukker

100 ml/31/2 fl oz/små 1/2 kopp solsikkeolje

Bland sammen alle ingrediensene til det er godt blandet. Hell i en smurt og kledd 20 cm/8 kakeform (form) og stek i en forvarmet ovn ved 180°C/350°F/gassmerke 4 i 1 time til et spyd som er satt inn i midten kommer ut rent.

Gulrot- og eplekake

Gjør en 23 cm/9 i kake

250 g/9 oz/2¼ kopper selvhevende (selvhevende) mel

5 ml/1 ts bikarbonat brus (natron)

5 ml/1 ts malt kanel

175 g/6 oz/¾ kopp mykt brunt sukker

Finrevet skall av 1 appelsin

3 egg

200 ml/7 fl oz/små 1 kopp olje

150 g/5 oz spiseepler (dessert), skrellet, kjernet ut og revet

150 g/5 oz gulrøtter, revet

100 g/4 oz/2/3 kopp klare til å spise tørkede aprikoser, hakket

100 g/4 oz/1 kopp pekannøtter eller valnøtter, hakket

Bland sammen mel, bikarbonat av brus og kanel, og rør deretter inn sukker og appelsinskall. Pisk eggene inn i oljen, og rør deretter inn eplet, gulrøttene og to tredjedeler av aprikosene og nøttene. Vend inn melblandingen og skje i en smurt og kledd 23 cm/9 i kakeform (form). Dryss over de resterende hakkede aprikosene og nøttene. Stek i en forvarmet ovn ved 180°C/350°F/gassmerke 4 i 30 minutter til den er spenstig å ta på. La avkjøle litt i formen, og vend deretter ut på rist for å bli ferdig avkjølt.

Gulrot- og kanelkake

Gjør en 20 cm/8 i kake

100 g/4 oz/1 kopp fullkornsmel (helhvete).

100 g/4 oz/1 kopp vanlig (all-purpose) mel

15 ml/1 ss malt kanel

5 ml/1 ts revet muskatnøtt

10 ml/2 ts bakepulver

100 g/4 oz/½ kopp smør eller margarin

100 g/4 oz/1/3 kopp klar honning

100 g/4 oz/½ kopp mykt brunt sukker

225 g/8 oz gulrøtter, revet

Bland sammen mel, kanel, muskat og bakepulver i en bolle. Smelt smøret eller margarinen med honning og sukker, og bland deretter inn i melet. Rør inn gulrøttene og bland godt. Hell i en smurt og kledd 20 cm/8 kakeform (form) og stek i en forvarmet ovn ved 160°C/325°F/gassmerke 3 i 1 time til et spyd som er satt inn i midten kommer ut rent. La avkjøle i formen i 10 minutter, og vend deretter ut på en rist for å avslutte avkjølingen.

Gulrot- og squashkake

Gjør en 23 cm/9 i kake

2 egg

175 g/6 oz/¾ kopp mykt brunt sukker

100 g/4 oz gulrøtter, revet

50 g/2 oz squash (zucchini), revet

75 ml/5 ss olje

225 g/8 oz/2 kopper selvhevende (selvhevende) mel

2,5 ml/½ ts bakepulver

5 ml/1 ts malt blandet (eplepai) krydder

Kremosteglasur

Bland sammen egg, sukker, gulrøtter, squash og olje. Rør inn mel, bakepulver og blandet krydder og bland til en jevn røre. Hell i en smurt og kledd 23 cm/9 kakeform (form) og stek i en forvarmet ovn ved 180°C/350°F/ gassmerke 4 i 30 minutter til et spyd som er satt inn i midten kommer ut rent. La det avkjøles, og smør deretter med kremostglasur.

Gulrot- og ingefærkake

Gjør en 20 cm/8 i kake

175 g/6 oz/2/3 kopp smør eller margarin

100 g/4 oz/1/3 kopp gylden (lys mais) sirup

120 ml/4 fl oz/½ kopp vann

100 g/4 oz/½ kopp mykt brunt sukker

150 g/5 oz gulrøtter, grovt revet

5 ml/1 ts bikarbonat brus (natron)

200 g/7 oz/1¾ kopper vanlig (all-purpose) mel

100 g/4 oz/1 kopp selvhevende (selvhevende) mel

5 ml/1 ts malt ingefær

En klype salt

For glasuren (frosting):
175 g/6 oz/1 kopp melis (konditorsukker), siktet

5 ml/1 ts smør eller margarin, myknet

30 ml/2 ss sitronsaft

Smelt smøret eller margarinen med sirup, vann og sukker, og kok opp. Ta av varmen og rør inn gulrøtter og bikarbonat av brus. La avkjøle. Bland inn mel, ingefær og salt, hell i en smurt 20 cm/8 kakeform (form) og stek i en forvarmet ovn ved 180°C/350°F/gass mark 4 i 45 minutter til den er gjennomhevet og spenstig. berøringen. Skru ut og la avkjøle.

Bland melis med smør eller margarin og nok sitronsaft til å lage en smørbar glasur. Skjær kaken i to horisontalt, bruk deretter halve glasuren til å klemme kaken sammen og rør eller fordel resten på toppen.

Gulrot- og nøttekake

Gjør en 18 cm/7 i kake

2 store egg, adskilt

150 g/5 oz/2/3 kopp strøsukker (superfint).

225 g/8 oz gulrøtter, revet

150 g/5 oz/1¼ kopper hakkede blandede nøtter

10 ml/2 ts revet sitronskall

50 g/2 oz/½ kopp vanlig (all-purpose) mel

2,5 ml/½ ts bakepulver

Pisk sammen eggeplommer og sukker til det er tykt og kremet. Rør inn gulrøtter, nøtter og sitronskall, og vend deretter inn mel og bakepulver. Pisk eggehvitene til de danner myke topper, og vend deretter inn i blandingen. Vend inn i en smurt 19 cm/7 i firkantet kakeform (form). Stek i en forvarmet ovn ved 180°C/350°F/gassmerke 4 i 40–45 minutter til et spyd som er satt inn i midten kommer ut rent.

Gulrot-, appelsin- og nøttekake

Gjør en 20 cm/8 i kake

100 g/4 oz/½ kopp smør eller margarin, myknet

100 g/4 oz/½ kopp mykt brunt sukker

5 ml/1 ts malt kanel

5 ml/1 ts revet appelsinskall

2 egg, lett pisket

15 ml/1 ss appelsinjuice

100 g/4 oz gulrøtter, finrevet

50 g/2 oz/½ kopp hakkede blandede nøtter

225 g/8 oz/2 kopper selvhevende (selvhevende) mel

5 ml/1 ts bakepulver

Rør sammen smør eller margarin, sukker, kanel og appelsinskall til det er lett og luftig. Pisk gradvis inn egg og appelsinjuice, og vend deretter inn gulrøtter, nøtter, mel og bakepulver. Hell i en smurt og kledd 20 cm/8 kakeform (form) og stek i en forvarmet ovn ved 180°C/350°F/gassmerke 4 i 45 minutter til den er spenstig å ta på.

Gulrot-, ananas- og kokosnøttkake

Gjør en 25 cm/10 i kake

3 egg

350 g/12 oz/1½ kopper strøsukker (superfint).

300 ml/½ pt/1¼ kopper olje

5 ml/1 ts vaniljeessens (ekstrakt)

225 g/8 oz/2 kopper vanlig (all-purpose) mel

5 ml/1 ts bikarbonat brus (natron)

10 ml/2 ts malt kanel

5 ml/1 ts salt

225 g/8 oz gulrøtter, revet

100 g/4 oz hermetisk ananas, drenert og knust

100 g/4 oz/1 kopp tørket (revet) kokosnøtt

100 g/4 oz/1 kopp hakkede blandede nøtter

Glasur (konditorer) sukker, siktet, til strø

Pisk sammen egg, sukker, olje og vaniljeessens. Bland sammen mel, bikarbonat av brus, kanel og salt og bland gradvis inn i blandingen. Vend inn gulrøtter, ananas, kokos og nøtter. Hell i en smurt og melet 25 cm/10 kakeform (form) og stek i en forvarmet ovn ved 160°C/325°F/gassmerke 3 i 1¼ time til et spyd som er satt inn i midten kommer ut rent. La avkjøle i formen i 10 minutter før du vender ut på rist for å avslutte avkjølingen. Dryss over melis før servering.

Gulrot- og pistasjkake

Gjør en 23 cm/9 i kake

100 g/4 oz/½ kopp smør eller margarin, myknet

100 g/4 oz/½ kopp strøsukker (superfint).

2 egg

225 g/8 oz/2 kopper vanlig (all-purpose) mel

5 ml/1 ts bikarbonat brus (natron)

5 ml/1 ts malt kardemomme

225 g/8 oz gulrøtter, revet

50 g/2 oz/½ kopp pistasjnøtter, hakket

50 g/2 oz/½ kopp malte mandler

100 g/4 oz/2/3 kopp sultanas (gyldne rosiner)

Rør sammen smør eller margarin og sukker til det er lett og luftig. Pisk inn eggene gradvis, pisk godt etter hver tilsetning, vend deretter inn mel, bikarbonat av brus og kardemomme. Rør inn gulrøtter, nøtter, malte mandler og rosiner. Hell blandingen i en smurt og kledd 23 cm/9 kakeform (form) og stek i en forvarmet ovn ved 180°C/350°F/gassmerke 4 i 40 minutter til den er gjennomhevet, gylden og fjærende å ta på.

Gulrot- og valnøttkake

Gjør en 23 cm/9 i kake

200 ml/7 fl oz/små 1 kopp olje

4 egg

225 g/8 oz/2/3 kopp klar honning

225 g/8 oz/2 kopper fullkornsmel (helhvete).

10 ml/2 ts bakepulver

2,5 ml/½ ts bikarbonat brus (natron)

En klype salt

5 ml/1 ts vaniljeessens (ekstrakt)

175 g/6 oz gulrøtter, grovt revet

175 g/6 oz/1 kopp rosiner

100 g/4 oz/1 kopp valnøtter, finhakket

Bland sammen olje, egg og honning. Bland gradvis inn alle de resterende ingrediensene og pisk til det er godt blandet. Hell i en smurt og melet 23 cm/9 kakeform (form) og stek i en forvarmet ovn ved 180°C/350°F/gassmerke 4 i 1 time til et spyd som er satt inn i midten kommer ut rent.

Krydret gulrotkake

Gjør en 18 cm/7 i kake

175 g/6 oz/1 kopp dadler

120 ml/4 fl oz/½ kopp vann

175 g/6 oz/¾ kopp smør eller margarin, myknet

2 egg, lett pisket

225 g/8 oz/2 kopper selvhevende (selvhevende) mel

175 g/6 oz gulrøtter, finrevet

25 g/1 oz/¼ kopp malte mandler

Revet skall av 1 appelsin

2,5 ml/½ ts malt blandet (eplepai) krydder

2,5 ml/½ ts malt kanel

2,5 ml/½ ts malt ingefær

For glasuren (frosting):

350 g/12 oz/1½ kopper kvark

25 g/1 oz/2 ss smør eller margarin, myknet

Revet skall av 1 appelsin

Ha dadlene og vannet i en liten panne, kok opp og la det småkoke i 10 minutter til det er mykt. Fjern og kast steinene (gropene), og finhakk deretter dadlene. Bland sammen dadlene og væsken, smøret eller margarinen og eggene til de er kremaktige. Vend inn alle de resterende kakeingrediensene. Hell blandingen i en smurt og kledd 18 cm/7 kakeform (form) og stek i en forvarmet ovn ved 180°C/350°F/gassmerke 4 i 1 time til et spyd som er satt inn i midten kommer rent ut. La avkjøle i formen i 10 minutter før du vender ut på rist for å avslutte avkjølingen.

For å lage glasuren, pisk sammen alle ingrediensene til du har en smørbar konsistens, tilsett litt mer appelsinjuice eller vann om nødvendig. Del kaken i to horisontalt, klem lagene sammen med halve glasuren og fordel resten på toppen.

Gulrot- og brunt sukkerkake

Gjør en 18 cm/7 i kake

5 egg, separert

200 g/7 oz/små 1 kopp mykt brunt sukker

15 ml/1 ss sitronsaft

300 g/10 oz gulrøtter, revet

225 g/8 oz/2 kopper malte mandler

25 g/1 oz/¼ kopp fullkornsmel (helhvete).

5 ml/1 ts malt kanel

25 g/1 oz/2 ss smør eller margarin, smeltet

25 g/1 oz/2 ss rørsukker (superfint).

30 ml/2 ss enkelt (lett) krem

75 g/3 oz/¾ kopp hakkede blandede nøtter

Pisk eggeplommene til de er skummende, pisk inn sukkeret til det er glatt, pisk deretter inn sitronsaften. Rør inn en tredjedel av gulrøttene, deretter en tredjedel av mandlene og fortsett på denne måten til alle er blandet. Rør inn mel og kanel. Pisk eggehvitene til de er stive, og vend dem deretter inn i blandingen med en metallskje. Vend inn i en smurt og foret dyp 18 cm/7 i kakeform (form) og stek i en forvarmet ovn ved 180°C/350°F/gassmerke 4 i 1 time. Dekk kaken løst med fettfast (vokset) papir og reduser ovnstemperaturen til 160°C/325°F/gassmerke 3 i ytterligere 15 minutter eller til kaken krymper litt fra sidene av formen og midten fortsatt er fuktig. La kaken stå i formen til den er akkurat varm, og vend deretter ut for å bli ferdig avkjølt.

Kombiner smeltet smør eller margarin, sukker, fløte og nøtter, hell over kaken og stek under middels grill (broiler) til den er gyldenbrun.

Courgette og margkake

Gjør en 20 cm/8 i kake

225 g/8 oz/1 kopp strøsukker (superfint).

2 egg, pisket

120 ml/4 fl oz/½ kopp olje

100 g/4 oz/1 kopp vanlig (all-purpose) mel

5 ml/1 ts bakepulver

2,5 ml/½ ts bikarbonat brus (natron)

2,5 ml/½ ts salt

100 g/4 oz squash (zucchini), revet

100 g/4 oz knust ananas

50 g/2 oz/½ kopp valnøtter, hakket

5 ml/1 ts vaniljeessens (ekstrakt)

Pisk sammen sukker og egg til det er blekt og godt blandet. Pisk inn oljen og deretter de tørre ingrediensene. Rør inn squash, ananas, valnøtter og vaniljeessens. Hell i en smurt og melet 20 cm/8 kakeform (form) og stek i en forvarmet ovn ved 180°C/350°F/gassmerke 4 i 1 time til et spyd som er satt inn i midten kommer ut rent. La avkjøle i formen i 30 minutter før du vender ut på rist for å avslutte avkjølingen.

Squash og appelsinkake

Gjør en 25 cm/10 i kake

225 g/8 oz/1 kopp smør eller margarin, myknet

450 g/1 lb/2 kopper mykt brunt sukker

4 egg, lett pisket

275 g/10 oz/2½ kopper vanlig (all-purpose) mel

15 ml/1 ss bakepulver

2,5 ml/½ ts salt

5 ml/1 ts malt kanel

2,5 ml/½ ts revet muskatnøtt

En klype malt nellik

Revet skall og saft av 1 appelsin

225 g/8 oz/2 kopper squash (zucchini), revet

Rør sammen smør eller margarin og sukker til det er lett og luftig. Pisk inn eggene gradvis, vend deretter inn mel, bakepulver, salt og krydder vekselvis med appelsinskall og saft. Rør inn squashene. Hell i en smurt og kledd 25 cm/10 kakeform (form) og stek i en forvarmet ovn ved 180°C/350°F/gassmerke 4 i 1 time til den er gyldenbrun og fjærende å ta på. Hvis toppen begynner å bli for brun mot slutten av stekingen, dekk til med smørefast (vokset) papir.

Krydret squashkake

Gjør en 25 cm/10 i kake

350 g/12 oz/3 kopper vanlig (all-purpose) mel

10 ml/2 ts bakepulver

7,5 ml/1½ ts malt kanel

5 ml/1 ts bikarbonat brus (natron)

2,5 ml/½ ts salt

8 eggehviter

450 g/1 lb/2 kopper strøsukker (superfint).

100 g/4 oz/1 kopp eplepuré (saus)

120 ml/4 fl oz/½ kopp kjernemelk

15 ml/1 ss vaniljeessens (ekstrakt)

5 ml/1 ts finrevet appelsinskall

350 g/12 oz/3 kopper squash (zucchini), revet

75 g/3 oz/¾ kopp valnøtter, hakket

For toppingen:

100 g/4 oz/½ kopp kremost

25 g/1 oz/2 ss smør eller margarin, myknet

5 ml/1 ts finrevet appelsinskall

10 ml/2 ts appelsinjuice

350 g/12 oz/2 kopper melis (konditorsukker), siktet

Bland sammen de tørre ingrediensene. Pisk eggehvitene til de danner myke topper. Pisk sakte inn sukkeret, deretter eplemos, kjernemelk, vaniljeessens og appelsinskall. Vend inn melblandingen, deretter squash og valnøtter. Hell i en smurt og

144

melet 25 cm/10 kakeform (form) og stek i en forvarmet ovn ved 150°C/300°F/gassmerke 2 i 1 time til et spyd som er satt inn i midten kommer ut rent. La avkjøle i formen.

Pisk sammen alle ingrediensene til toppingen til en jevn blanding, og tilsett nok sukker til å få en smørbar konsistens. Fordel over den avkjølte kaken.

Gresskarkake

Gjør en 23 x 33 cm/9 x 13 i kake

450 g/1 lb/2 kopper strøsukker (superfint).

4 egg, pisket

375 ml/13 fl oz/1½ kopper olje

350 g/12 oz/3 kopper vanlig (all-purpose) mel

15 ml/1 ss bakepulver

10 ml/2 ts bikarbonat brus (natron)

10 ml/2 ts malt kanel

2,5 ml/½ ts malt ingefær

En klype salt

225 g/8 oz kokt gresskar i terninger

100 g/4 oz/1 kopp valnøtter, hakket

Pisk sammen sukker og egg til det er godt blandet, og pisk deretter inn oljen. Bland inn de resterende ingrediensene. Hell i en smurt og melet 23 x 33 cm/9 x 13 i bakeform (panne) og stek i en forvarmet ovn ved 180°C/350°F/gassmerke 4 i 1 time til et spyd som er satt inn i midten kommer ut ren.

Frukt gresskar kake

Gjør en 20 cm/8 i kake

100 g/4 oz/½ kopp smør eller margarin, myknet

150 g/5 oz/2/3 kopp mykt brunt sukker

2 egg, lett pisket

225 g/8 oz kaldt kokt gresskar

30 ml/2 ss gylden (lys mais) sirup

225 g/8 oz 1/1/3 kopper tørket blandet frukt (fruktkakeblanding)

225 g/8 oz/2 kopper selvhevende (selvhevende) mel

50 g/2 oz/½ kopp kli

Rør sammen smør eller margarin og sukker til det er lett og luftig. Pisk inn eggene gradvis, og vend deretter inn de resterende ingrediensene. Hell i en smurt og foret 20 cm/8 kakeform (form) og stek i en forvarmet ovn ved 160°C/325°F/gassmerke 3 i 1¼ time til et spyd som er satt inn i midten kommer ut rent.

Krydret gresskarrull

Gjør en 30 cm/12 i rull

75 g/3 oz/¾ kopp vanlig (all-purpose) mel

5 ml/1 ts bikarbonat brus (natron)

5 ml/1 ts malt ingefær

2,5 ml/½ ts revet muskatnøtt

10 ml/2 ts malt kanel

En klype salt

1 egg

225 g/8 oz/1 kopp strøsukker (superfint).

100 g/4 oz kokt gresskar, i terninger

5 ml/1 ts sitronsaft

4 eggehviter

50 g/2 oz/½ kopp valnøtter, hakket

50 g/2 oz/1/3 kopp melis (konditorsukker), siktet

For fyllet:
175 g/6 oz/1 kopp melis (konditorsukker), siktet

100 g/4 oz/½ kopp kremost

2,5 ml/½ ts vaniljeessens (ekstrakt)

Bland sammen mel, bikarbonat av brus, krydder og salt. Pisk egget til det er tykt og blekt, og pisk deretter inn sukkeret til blandingen er blek og kremaktig. Rør inn gresskar og sitronsaft. Vend inn melblandingen. Pisk eggehvitene stive i en ren bolle. Brett inn i kakeblandingen og fordel i en smurt og foret 30 x 12 cm/12 x 8 i Swiss Roll-form (gelérullform) og dryss valnøttene over toppen. Stek i en forvarmet ovn ved 190°C/375°F/gassmerke 5 i 10 minutter til den er spenstig å ta på. Sikt melis over et rent kjøkkenhåndkle (oppvaskklut) og vend kaken ut på håndkleet. Fjern foringspapiret og rull sammen kaken og håndkleet, og la det avkjøles.

For å lage fyllet, pisk sukkeret gradvis inn i kremosten og vaniljeessensen til du har en smørbar blanding. Rull ut kaken og fordel fyllet over toppen. Rull sammen kaken igjen og avkjøl før servering drysset med litt mer melis.

Rabarbra og honningkake

Lager to 450 g/1 lb kaker

250 g/9 oz/¾ kopp klar honning

100 ml/4 fl oz/½ kopp olje

1 egg

5 ml/1 ts bikarbonat brus (natron)

60 ml/4 ss vann

350 g/12 oz/3 kopper fullkornsmel (helhvete).

10 ml/2 ts salt

350 g/12 oz rabarbra, finhakket

5 ml/1 ts vaniljeessens (ekstrakt)

50 g/2 oz/½ kopp hakkede blandede nøtter (valgfritt)

For toppingen:

75 g/3 oz/1/3 kopp muscovadosukker

5 ml/1 ts malt kanel

15 g/½ oz/1 ss smør eller margarin, myknet

Bland sammen honning og olje. Tilsett egget og pisk godt. Tilsett bikarbonat av brus i vannet og la det oppløses. Bland sammen mel og salt. Legg til honningblandingen vekselvis med bikarbonat- eller brusblandingen. Rør inn rabarbra, vaniljeessens og nøtter hvis du bruker. Hell i to smurte brødformer på 450 g/1 lb. Bland sammen ingrediensene til toppingen og fordel over kakeblandingen. Stek i en forvarmet ovn ved 180°C/350°F/gassmerke 4 i 1 time til den er spenstig å ta på.

Søtpotetkake

Gjør en 23 cm/9 i kake

300 g/11 oz/2¾ kopper vanlig (all-purpose) mel

15 ml/1 ss bakepulver

5 ml/1 ts malt kanel

5 ml/1 ts revet muskatnøtt

En klype salt

350 g/12 oz/1¾ kopper strøsukker (superfint).

375 ml/13 fl oz/1½ kopper olje

60 ml/4 ss kokt vann

4 egg, separert

225 g/8 oz søtpoteter, skrelt og grovt revet

100 g/4 oz/1 kopp hakkede blandede nøtter

5 ml/1 ts vaniljeessens (ekstrakt)

For glasuren (frosting):
225 g/8 oz/11/3 kopper melis (konditorers) sukker, siktet

50 g/2 oz/¼ kopp smør eller margarin, myknet

250 g/9 oz/1 middels karkremost

50 g/2 oz/½ kopp hakkede blandede nøtter

En klype malt kanel til dryss

Bland sammen mel, bakepulver, kanel, muskat og salt. Pisk sammen sukker og olje, tilsett deretter det kokende vannet og pisk til det er godt blandet. Tilsett eggeplommene og melblandingen og bland til det er godt blandet. Rør inn søtpoteter, nøtter og vaniljeessens. Pisk eggehvitene til de er stive, og vend deretter inn i blandingen. Hell i to smurte og melete 23 cm/9 i kakeformer og stek i en forvarmet ovn ved 180°C/350°F/gassmerke 4 i 40 minutter til den er spenstig å ta på. La avkjøle i formene i 5 minutter, og vend deretter ut på en rist for å avslutte avkjølingen.

Bland sammen melis, smør eller margarin og halvparten av ostekremen. Fordel halvparten av den gjenværende kremosten over den ene kaken, og fordel deretter glasuren over osten. Smør kakene sammen. Fordel resten av kremosten over toppen og dryss nøtter og kanel over toppen før servering.

Italiensk mandelkake

Gjør en 20 cm/8 i kake

1 egg

150 ml/¼ pt/2/3 kopp melk

2,5 ml/½ ts mandelessens (ekstrakt)

45 ml/3 ss smør, smeltet

350 g/12 oz/3 kopper vanlig (all-purpose) mel

100 g/4 oz/½ kopp strøsukker (superfint).

10 ml/2 ts bakepulver

2,5 ml/½ ts salt

1 eggehvite

100 g/4 oz/1 kopp mandler, hakket

Pisk egget i en bolle, og tilsett deretter melken, mandelessensen og smeltet smør gradvis mens du pisk hele tiden. Tilsett mel, sukker, bakepulver og salt og fortsett å blande til en jevn blanding. Hell i en smurt og kledd 20 cm/8 i kakeform (form). Pisk eggehviten til den er skummende, pensle deretter sjenerøst over toppen av kaken og strø over mandlene. Stek i en forvarmet ovn ved 220°C/425°F/gassmerke 7 i 25 minutter til den er gyldenbrun og spenstig å ta på.

Mandel og kaffe Torte

Gjør en 23 cm/9 i kake

8 egg, separert

175 g/6 oz/¾ kopp strøsukker (superfint).

60 ml/4 ss sterk svart kaffe

175 g/6 oz/1½ kopper malte mandler

45 ml/3 ss semulegryn (hvetekrem)

100 g/4 oz/1 kopp vanlig (all-purpose) mel

Pisk eggeplommer og sukker til det er veldig tykt og kremet. Tilsett kaffe, malte mandler og semulegryn og pisk godt. Vend inn melet. Pisk eggehvitene til de er stive, og vend deretter inn i blandingen. Hell i en smurt 23 cm/9 kakeform (form) og stek i en forvarmet ovn ved 180°C/350°F/gassmerke 4 i 45 minutter til den er fjærende å ta på.

Mandel- og honningkake

Gjør en 20 cm/8 i kake

225 g/8 oz gulrøtter, revet

75 g/3 oz/¾ kopp mandler, hakket

2 egg, pisket

100 ml/½ kopp klar honning

60 ml/4 ss olje

150 ml/¼ pt/2/3 kopp melk

150 g/5 oz/1¼ kopper fullkornsmel (helhvete)

10 ml/2 ts salt

10 ml/2 ts bikarbonat brus (natron)

15 ml/1 ss malt kanel

Bland sammen gulrøtter og nøtter. Pisk eggene med honning, olje og melk, og rør deretter inn i gulrotblandingen. Bland sammen mel, salt, bikarbonat av brus og kanel og rør inn i gulrotblandingen. Hell blandingen i en smurt og foret 20 cm/8 i firkantet kakeform (form) og stek i en forvarmet ovn ved 150°C/300°F/gassmerke 2 i 1¾ time til et spyd som er satt inn i midten kommer ut rent . La avkjøle i formen i 10 minutter før du vender ut.

Mandel- og sitronkake

Gjør en 23 cm/9 i kake

25 g/1 oz/¼ kopp flakede (skårede) mandler

100 g/4 oz/½ kopp smør eller margarin, myknet

100 g/4 oz/½ kopp mykt brunt sukker

2 egg, pisket

100 g/4 oz/1 kopp selvhevende (selvhevende) mel

Revet skall av 1 sitron

Til sirupen:
75 g/3 oz/1/3 kopp strøsukker (superfint).

45–60 ml/3–4 ss sitronsaft

Smør og kle en 23 cm/9 i kakeform (form) og dryss mandlene over bunnen. Rør sammen smør og brunt sukker. Pisk inn eggene ett om gangen, og vend deretter inn mel og sitronskall. Hell i den forberedte formen og jevn overflaten. Stek i en forvarmet ovn ved 180°C/350°F/gassmerke 4 i 20–25 minutter til den er godt hevet og fjærende å ta på.

Varm i mellomtiden opp melis og sitronsaft i en panne, rør av og til til sukkeret har løst seg opp. Ta kaken ut av ovnen og la den avkjøles i 2 minutter, og vend den deretter ut på en rist med bunnen øverst. Hell over sirupen og la den avkjøles helt.

Mandelkake med appelsin

Gjør en 20 cm/8 i kake

225 g/8 oz/1 kopp smør eller margarin, myknet

225 g/8 oz/1 kopp strøsukker (superfint).

4 egg, separert

225 g/8 oz/2 kopper vanlig (all-purpose) mel

10 ml/2 ts bakepulver

50 g/2 oz/½ kopp malte mandler

5 ml/1 ts revet appelsinskall

Rør sammen smør eller margarin og sukker til det er lett og luftig. Pisk inn eggeplommene og vend deretter inn mel, bakepulver, malte mandler og appelsinskall. Pisk eggehvitene til de er stive, og vend deretter inn i blandingen med en metallskje. Hell i en smurt og kledd 20 cm/8 kakeform (form) og stek i en forvarmet ovn ved 180°C/350°F/gassmerke 4 i 1 time til et spyd som er satt inn i midten kommer ut rent.

Rik mandelkake

Gjør en 18 cm/7 i kake

100 g/4 oz/½ kopp smør eller margarin, myknet

150 g/5 oz/2/3 kopp strøsukker (superfint).

3 egg, lett pisket

75 g/3 oz/¾ kopp malte mandler

50 g/2 oz/½ kopp vanlig (all-purpose) mel

Noen dråper mandelessens (ekstrakt)

Rør sammen smør eller margarin og sukker til det er lett og luftig. Pisk inn eggene gradvis, og vend deretter inn malte mandler, mel og mandelessens. Hell i en smurt og kledd 18 cm/7 i kakeform (form) og stek i en forvarmet ovn ved 180°C/350°F/gassmerke 4 i 45 minutter til den er spenstig å ta på.

Svensk makronkake

Gjør en 23 cm/9 i kake

100 g/4 oz/1 kopp malte mandler

75 g/3 oz/1/3 kopp granulert sukker

5 ml/1 ts bakepulver

2 store eggehviter, pisket

Bland sammen mandler, sukker og bakepulver. Rør inn eggehvitene til blandingen er tykk og jevn. Hell i en smurt og kledd 23 cm/9 i sandwichform (panne) og stek i en forvarmet ovn ved 160°C/325°F/gassmerke 3 i 20–25 minutter til den er hevet og gylden. Vend veldig forsiktig ut av formen da kaken er skjør.

Kokosbrød

Gir ett brød på 450 g/1 lb

100 g/4 oz/1 kopp selvhevende (selvhevende) mel

225 g/8 oz/1 kopp strøsukker (superfint).

100 g/4 oz/1 kopp tørket (revet) kokosnøtt

1 egg

120 ml/½ kopp melk

En klype salt

Bland alle ingrediensene godt sammen og hell i en smurt og foret brødform på 450 g (1 lb). Stek i en forvarmet ovn ved 180°C/350°F/gassmerke 4 i ca. 1 time til den er gylden og spenstig å ta på.

Kokosnøttkake

Gjør en 23 cm/9 i kake

75 g/3 oz/1/3 kopp smør eller margarin

150 ml/¼ pt/2/3 kopp melk

2 egg, lett pisket

225 g/8 oz/1 kopp strøsukker (superfint).

150 g/5 oz/1¼ kopper selvhevende (selvhevende) mel

En klype salt

For toppingen:

100 g/4 oz/½ kopp smør eller margarin

75 g/3 oz/¾ kopp tørket (revet) kokosnøtt

60 ml/4 ss klar honning

45 ml/3 ss melk

50 g/2 oz/¼ kopp mykt brunt sukker

Smelt smøret eller margarinen i melken og la det avkjøles litt. Pisk sammen egg og melis til lys og skummende, og pisk deretter inn smør- og melkeblandingen. Rør inn mel og salt for å få en ganske tynn blanding. Hell i en smurt og kledd 23 cm/9 kakeform (form) og stek i en forvarmet ovn ved 180°C/350°F/gassmerke 4 i 40 minutter til den er gyldenbrun og spenstig å ta på.

I mellomtiden, kok opp ingrediensene til toppingen i en panne. Vend ut den varme kaken og hell over toppingblandingen. Sett under en varm grill (broiler) i noen minutter til toppingen akkurat begynner å bli brun.

Gylden kokosnøttkake

Gjør en 20 cm/8 i kake

100 g/4 oz/½ kopp smør eller margarin, myknet

200 g/7 oz/små 1 kopp caster (superfint) sukker

200 g/7 oz/1¾ kopper vanlig (all-purpose) mel

10 ml/2 ts bakepulver

En klype salt

175 ml/6 fl oz/¾ kopp melk

3 eggehviter

Til fyll og topping:
150 g/5 oz/1¼ kopper tørket (revet) kokosnøtt

200 g/7 oz/små 1 kopp caster (superfint) sukker

120 ml/½ kopp melk

120 ml/4 fl oz/½ kopp vann

3 eggeplommer

Rør sammen smør eller margarin og sukker til det er lett og luftig. Rør inn mel, bakepulver og salt i blandingen vekselvis med melk og vann til du har en jevn røre. Pisk eggehvitene til de er stive, og vend deretter inn i røren. Hell blandingen i to smurte 20 cm/8 kakeformer og stek i en forvarmet ovn ved 180°C/350°F/gassmerke 4 i 25 minutter til den er spenstig å ta på. La avkjøle.

Bland sammen kokos, sukker, melk og eggeplommer i en liten panne. Varm opp på svak varme i noen minutter til eggene er kokt, rør kontinuerlig. La avkjøle. Smør kakene sammen med halvparten av kokosblandingen, og ha resten på toppen.

Kokos lagkake

Gjør en 9 x 18 cm/3½ x 7 i kake

100 g/4 oz/½ kopp smør eller margarin, myknet

175 g/6 oz/¾ kopp strøsukker (superfint).

3 egg

175 g/6 oz/1½ kopper vanlig (all-purpose) mel

5 ml/1 ts bakepulver

175 g/6 oz/1 kopp sultanas (gyldne rosiner)

120 ml/½ kopp melk

6 vanlige kjeks (cookies), knust

100 g/4 oz/½ kopp mykt brunt sukker

100 g/4 oz/1 kopp tørket (revet) kokosnøtt

Rør sammen smør eller margarin og melis til det er lett og luftig. Pisk inn to av eggene gradvis, vend deretter inn mel, bakepulver og sultanas vekselvis med melken. Hell halvparten av blandingen i en smurt og foret brødform på 450 g/1 lb. Bland sammen det resterende egget med kjekssmulene, brunt sukker og kokos og strø i formen. Hell inn resten av blandingen og stek i en forvarmet ovn ved 180°C/350°F/gassmerke 4 i 1 time. La avkjøle i formen i 30 minutter, og vend deretter ut på en rist for å avslutte avkjølingen.

Kokos- og sitronkake

Gjør en 20 cm/8 i kake

100 g/4 oz/½ kopp smør eller margarin, myknet

75 g/3 oz/1/3 kopp mykt brunt sukker

Revet skall av 1 sitron

1 egg, pisket

Noen dråper mandelessens (ekstrakt)

350 g/12 oz/3 kopper selvhevende (selvhevende) mel

60 ml/4 ss bringebærsyltetøy (konserver)

For toppingen:
1 egg, pisket

75 g/3 oz/1/3 kopp mykt brunt sukker

225 g/8 oz/2 kopper tørket (revet) kokosnøtt

Rør sammen smør eller margarin, sukker og sitronskall til det er lett og luftig. Pisk gradvis inn egget og mandelessensen, og vend deretter inn melet. Hell blandingen i en smurt og kledd 20 cm/8 i kakeform (form). Hell syltetøyet over blandingen. Pisk sammen ingrediensene til toppingen og fordel over blandingen. Stek i en forvarmet ovn ved 180°C/350°F/gassmerke 4 i 30 minutter til den er spenstig å ta på. La avkjøle i formen.

Kokos nyttårskake

Gjør en 18 cm/7 i kake

100 g/4 oz/½ kopp smør eller margarin, myknet

100 g/4 oz/½ kopp strøsukker (superfint).

2 egg, lett pisket

75 g/3 oz/¾ kopp vanlig (all-purpose) mel

45 ml/3 ss tørket (revet) kokosnøtt

30 ml/2 ss rom

Noen dråper mandelessens (ekstrakt)

Noen dråper sitronessens (ekstrakt)

Rør sammen smør og sukker til det er lett og luftig. Pisk inn eggene gradvis, og vend deretter inn mel og kokos. Rør inn rom og essenser. Hell i en smurt og kledd 18 cm/7 kakeform (form) og jevn overflaten. Stek i en forvarmet ovn ved 190°C/375°F/gassmerke 5 i 45 minutter til et spyd som er satt inn i midten kommer rent ut. La avkjøle i formen.

Kokosnøtt og sultanakake

Gjør en 23 cm/9 i kake

100 g/4 oz/½ kopp smør eller margarin, myknet

175 g/6 oz/¾ kopp strøsukker (superfint).

2 egg, lett pisket

175 g/6 oz/1½ kopper vanlig (all-purpose) mel

5 ml/1 ts bakepulver

En klype salt

175 g/6 oz/1 kopp sultanas (gyldne rosiner)

120 ml/½ kopp melk

For fyllet:
1 egg, lett pisket

50 g/2 oz/½ kopp vanlige kjeks (kake) smuler

100 g/4 oz/½ kopp mykt brunt sukker

100 g/4 oz/1 kopp tørket (revet) kokosnøtt

Rør sammen smør eller margarin og melis til det er lett og luftig. Bland inn eggene gradvis. Vend inn mel, bakepulver, salt og sultanas med nok av melken til å få en myk dråpekonsistens. Hell halvparten av blandingen i en smurt 23 cm/9 kakeform (form). Bland sammen ingrediensene til fyllet og skje over blandingen, og topp deretter med resten av kakeblandingen. Stek i en forvarmet ovn ved 180°C/350°F/gassmerke 4 i 1 time til den er fjærende å ta på og begynner å krympe bort fra sidene på formen. La avkjøle i formen før du vender ut.

Crunchy-toppet nøttekake

Gjør en 23 cm/9 i kake

225 g/8 oz/1 kopp smør eller margarin, myknet

225 g/8 oz/1 kopp strøsukker (superfint).

2 egg, lett pisket

225 g/8 oz/2 kopper vanlig (all-purpose) mel

2,5 ml/½ ts bikarbonat brus (natron)

2,5 ml/½ ts krem av tartar

200 ml/7 fl oz/små 1 kopp melk

For toppingen:
100 g/4 oz/1 kopp hakkede blandede nøtter

100 g/4 oz/½ kopp mykt brunt sukker

5 ml/1 ts malt kanel

Rør sammen smør eller margarin og melis til det er lett og luftig. Pisk inn eggene gradvis, vend deretter inn mel, bikarbonat av brus og kremen av tartar vekselvis med melken. Hell i en smurt og kledd 23 cm/9 i kakeform (form). Bland sammen nøtter, brunt sukker og kanel og dryss over toppen av kaken. Stek i en forvarmet ovn ved 180°C/350°F/gassmerke 4 i 40 minutter til den er gyldenbrun og krymper vekk fra sidene av formen. La avkjøle i formen i 10 minutter, og vend deretter ut på en rist for å avslutte avkjølingen.

Blandet nøttekake

Gjør en 23 cm/9 i kake

100 g/4 oz/½ kopp smør eller margarin, myknet

225 g/8 oz/1 kopp strøsukker (superfint).

1 egg, pisket

225 g/8 oz/2 kopper selvhevende (selvhevende) mel

10 ml/2 ts bakepulver

En klype salt

250 ml/8 fl oz/1 kopp melk

5 ml/1 ts vaniljeessens (ekstrakt)

2,5 ml/½ ts sitronessens (ekstrakt)

100 g/4 oz/1 kopp hakkede blandede nøtter

Rør sammen smør eller margarin og sukker til det er lett og luftig. Pisk inn egget gradvis. Bland sammen mel, bakepulver og salt og tilsett blandingen vekselvis med melk og essenser. Brett inn nøttene. Hell i to smurte og kledde 23 cm/9 i kakeformer og stek i en forvarmet ovn ved 180°F/350°F/gassmerke 4 i 40 minutter til et spyd som er satt inn i midten kommer ut rent.

Gresk nøttekake

Gjør en 25 cm/10 i kake

100 g/4 oz/½ kopp smør eller margarin, myknet

225 g/8 oz/1 kopp strøsukker (superfint).

3 egg, lett pisket

250 g/9 oz/2¼ kopper vanlig (all-purpose) mel

225 g/8 oz/2 kopper valnøtter, malt

10 ml/2 ts bakepulver

5 ml/1 ts malt kanel

1,5 ml/¼ ts malt nellik

En klype salt

75 ml/5 ss melk

For honningsirupen:

175 g/6 oz/¾ kopp strøsukker (superfint).

75 g/3 oz/¼ kopp klar honning

15 ml/1 ss sitronsaft

250 ml/8 fl oz/1 kopp kokende vann

Rør sammen smør eller margarin og sukker til det er lett og luftig. Pisk inn eggene gradvis, og vend deretter inn mel, valnøtter, bakepulver, krydder og salt. Tilsett melken og bland til en jevn masse. Hell i en smurt og melet 25 cm/10 kakeform (form) og stek i en forvarmet ovn ved 180°C/350°F/gassmerke 4 i 40 minutter til den er spenstig å ta på. La avkjøle i formen i 10 minutter, og legg deretter over på en rist.

For å lage sirupen, bland sammen sukker, honning, sitronsaft og vann og varm opp til det er oppløst. Prikk den varme kaken over det hele med en gaffel, og hell deretter over honningsirupen.

Iskalnøttkake

Gjør en 18 cm/7 i kake

100 g/4 oz/½ kopp smør eller margarin, myknet

100 g/4 oz/½ kopp strøsukker (superfint).

2 egg, lett pisket

100 g/4 oz/1 kopp selvhevende (selvhevende) mel

100 g/4 oz/1 kopp valnøtter, hakket

En klype salt

For glasuren (frosting):
450 g/1 lb/2 kopper granulert sukker

150 ml/¼ pt/2/3 kopp vann

2 eggehviter

Noen valnøtthalvdeler til å dekorere

Rør sammen smør eller margarin og melis til det er lett og luftig. Pisk inn eggene gradvis, og vend deretter inn mel, nøtter og salt. Hell blandingen i to smurte og kledde 18 cm/7 i kakeformer og stek i en forvarmet ovn ved 180°C/350°F/gassmerke 4 i 25 minutter til den er godt hevet og fjærende å ta på. La avkjøle.

Løs opp perlesukkeret i vannet over lav varme, rør kontinuerlig, kok opp og fortsett å koke, uten å røre, til en dråpe av blandingen danner en myk ball når den slippes i kaldt vann. I mellomtiden visp eggehvitene i en ren bolle til de er stive. Hell sirupen på eggehviten og visp til blandingen er tykk nok til å dekke baksiden av en skje. Smør kakene sammen med et lag av glasuren, fordel deretter resten over toppen og sidene av kaken og pynt med valnøtthalvdeler.

Valnøttkake med sjokoladekrem

Gjør en 18 cm/7 i kake

3 egg

75 g/3 oz/1/3 kopp mykt brunt sukker

50 g/2 oz/½ kopp fullkornsmel (helhvete).

25 g/1 oz/¼ kopp kakao (usøtet sjokolade) pulver

For glasuren (frosting):
150 g/5 oz/1¼ kopper vanlig (halvsøt) sjokolade

225 g/8 oz/1 kopp kremost med lite fett

45 ml/3 ss melis (konditorsukker), siktet

75 g/3 oz/¾ kopp valnøtter, hakket

15 ml/1 ss konjakk (valgfritt)

Revet sjokolade til pynt

Pisk sammen egg og brunt sukker til det er blekt og tykt. Vend inn mel og kakao. Hell blandingen i to smurte og kledde 18 cm/7 i sandwichformer (panner) og stek i en forvarmet ovn ved 190°C/375°F/gassmerke 5 i 15–20 minutter til den er godt hevet og fjærende å ta på. Ta ut av formene og la avkjøle.

Smelt sjokoladen i en varmefast bolle over en panne med lett kokende vann. Ta av varmen og rør inn kremost og melis, rør deretter inn nøtter og konjakk hvis du bruker. Smør kakene sammen med det meste av fyllet og fordel resten på toppen. Pynt med revet sjokolade.

Valnøttkake med honning og kanel

Gjør en 23 cm/9 i kake

225 g/8 oz/2 kopper vanlig (all-purpose) mel

10 ml/2 ts bakepulver

5 ml/1 ts bikarbonat brus (natron)

5 ml/1 ts malt kanel

En klype salt

100 g/4 oz/1 kopp vanlig yoghurt

75 ml/5 ss olje

100 g/4 oz/1/3 kopp klar honning

1 egg, lett pisket

5 ml/1 ts vaniljeessens (ekstrakt)

For fyllet:

50 g/2 oz/½ kopp hakkede valnøtter

225 g/8 oz/1 kopp mykt brunt sukker

10 ml/2 ts malt kanel

30 ml/2 ss olje

Bland sammen de tørre ingrediensene til kaken og lag en fordypning i midten. Visp sammen de resterende kakeingrediensene og bland inn i de tørre ingrediensene. Bland sammen ingrediensene til fyllet. Hell halvparten av kakeblandingen i en smurt og melet 23 cm/9 i kakeform (form) og dryss over halvparten av fyllet. Tilsett den resterende kakeblandingen, deretter resten av fyllet. Stek i en forvarmet ovn ved 180°C/350°F/gassmerke 4 i 30 minutter til de er godt hevet og gyllenbrune og begynner å krympe bort fra sidene av pannen.

Mandel- og honningbarer

Gjør 10

15 g/½ oz fersk gjær eller 20 ml/4 ts tørket gjær

45 ml/3 ss rørsukker (superfint).

120 ml/½ kopp varm melk

300 g/11 oz/2¾ kopper vanlig (all-purpose) mel

En klype salt

1 egg, lett pisket

50 g/2 oz/¼ kopp smør eller margarin, myknet

300 ml/½ pt/1¼ kopper dobbel (tung) krem

30 ml/2 ss melis (konditorsukker), siktet

45 ml/3 ss klar honning

300 g/11 oz/2¾ kopper flakede (skårede) mandler

Bland gjæren, 5 ml/1 ts av melis og litt av melken og la stå på et lunt sted i 20 minutter til det er skummende. Bland resten av sukkeret med mel og salt og lag en brønn i midten. Bland gradvis inn egg, smør eller margarin, gjærblanding og gjenværende varm melk og bland til en myk deig. Elt på en lett melet overflate til den er jevn og elastisk. Legg i en oljet bolle, dekk til med oljet film (plastfolie) og la stå på et lunt sted i 45 minutter til dobbel størrelse.

Elt deigen igjen, kjevle deretter ut og legg i en 30 x 20 cm/12 x 8 i smurt kakeform (form), prikk over det hele med en gaffel, dekk til og la stå på et lunt sted i 10 minutter.

Ha 120 ml/½ kopp fløte, melis og honning i en liten panne og kok opp. Ta av varmen og bland inn mandlene. Fordel utover deigen, stek deretter i en forvarmet ovn ved 200°C/400°F/gassmerke 6 i 20 minutter til den er gylden og fjærende å ta på, dekk til med smørefast (vokset) papir hvis toppen begynner å brune for mye før slutten av matlagingen. Skru ut og la avkjøle.

Skjær kaken i to horisontalt. Pisk resten av fløten til den er stiv og fordel utover den nederste halvdelen av kaken. Topp med den mandeldekkede halvdelen av kaken og skjær den i barer.

Eple- og solbærsmuldrestenger

Gjør 12

175 g/6 oz/1½ kopper vanlig (all-purpose) mel

5 ml/1 ts bakepulver

En klype salt

175 g/6 oz/¾ kopp smør eller margarin

225 g/8 oz/1 kopp mykt brunt sukker

100 g/4 oz/1 kopp havregryn

450 g/1 lb koke (terte) epler, skrellet, kjernet ut og skåret i skiver

30 ml/2 ss maismel (maisstivelse)

10 ml/2 ts malt kanel

2,5 ml/½ ts revet muskatnøtt

2,5 ml/½ ts malt allehånde

225 g/8 oz solbær

Bland mel, bakepulver og salt, og gni deretter inn smøret eller margarinen. Rør inn sukker og havre. Hell halvparten i bunnen av en smurt og kledd 25 cm/9 i firkantet kakeform (form). Bland epler, maismel og krydder og fordel over. Topp med solbærene. Hell over resten av blandingen og jevn toppen. Stek i en forvarmet ovn ved 180°C/350°F/gassmerke 4 i 30 minutter til den blir spenstig. La avkjøle, og skjær deretter i barer.

Barer av aprikos og havregryn

Gjør 24

75 g/3 oz/½ kopp tørkede aprikoser

25 g/1 oz/3 ss sultanas (gyldne rosiner)

250 ml/8 fl oz/1 kopp vann

5 ml/1 ts sitronsaft

150 g/5 oz/2/3 kopp mykt brunt sukker

50 g/2 oz/½ kopp tørket (revet) kokosnøtt

50 g/2 oz/½ kopp vanlig (all-purpose) mel

2,5 ml/½ ts bikarbonat brus (natron)

100 g/4 oz/1 kopp havregryn

50 g/2 oz/¼ kopp smør, smeltet

Ha aprikoser, sultanas, vann, sitronsaft og 30 ml/2 ss av brunt sukker i en liten panne og rør over svak varme til den er tykk. Rør inn kokosen og la den avkjøles. Bland mel, bikarbonat av brus, havre og det resterende sukkeret, og bland deretter inn det smeltede smøret. Trykk halvparten av havreblandingen i bunnen av en smurt 20 cm/8 i firkantet bakeform (panne), fordel deretter aprikosblandingen på toppen. Dekk med den resterende havreblandingen og trykk lett ned. Stek i en forvarmet ovn ved 180°C/350°F/gassmerke 4 i 30 minutter til den er gylden. La avkjøle, og skjær deretter i barer.

Aprikos Crunchies

Gjør 16

100 g/4 oz/2/3 kopp klare til å spise tørkede aprikoser

120 ml/½ kopp appelsinjuice

100 g/4 oz/½ kopp smør eller margarin

75 g/3 oz/¾ kopp fullkornsmel (helhvete).

75 g/3 oz/¾ kopp havregryn

75 g/3 oz/1/3 kopp demerara sukker

Bløtlegg aprikosene i appelsinjuicen i minst 30 minutter til de er myke, renn av og hakk dem. Gni smøret eller margarinen inn i melet til blandingen minner om brødsmuler. Rør inn havre og sukker. Trykk halvparten av blandingen i en smurt 30 x 20 cm/12 x 8 i Swiss Roll-form (gelérullform) og strø over aprikosene. Fordel resten av blandingen på toppen og trykk forsiktig ned. Stek i en forvarmet ovn ved 180°C/350°F/gassmerke 4 i 25 minutter til den er gyldenbrun. La avkjøle i formen før du vender ut og skjærer i barer.

nøtteaktige bananbarer

Gjør ca 14

50 g/2 oz/¼ kopp smør eller margarin, myknet

75 g/3 oz/1/3 kopp caster (superfin) eller mykt brunt sukker

2 store bananer, hakket

175 g/6 oz/1½ kopper vanlig (all-purpose) mel

7,5 ml/1½ ts bakepulver

2 egg, pisket

50 g/2 oz/½ kopp valnøtter, grovhakkede

Rør sammen smør eller margarin og sukker. Mos bananene og rør inn i blandingen. Bland melet og bakepulveret. Tilsett mel, egg og nøtter i bananblandingen og pisk godt. Hell i en smurt og kledd 18 x 28 cm/7 x 11 i kakeform, jevn overflaten og stek i en forvarmet ovn ved 160°C/325°F/gassmerke 3 i 30–35 minutter til den er spenstig å ta på. La avkjøle noen minutter i formen, og vend deretter ut på en rist for å bli ferdig avkjølt. Skjær i ca 14 barer.

Amerikanske Brownies

Gjør ca 15

2 store egg

225 g/8 oz/1 kopp strøsukker (superfint).

50 g/2 oz/¼ kopp smør eller margarin, smeltet

2,5 ml/½ ts vaniljeessens (ekstrakt)

75 g/3 oz/¾ kopp vanlig (all-purpose) mel

45 ml/3 ss kakaopulver (usøtet sjokolade).

2,5 ml/½ ts bakepulver

En klype salt

50 g/2 oz/½ kopp valnøtter, grovhakkede

Pisk sammen egg og sukker til det er tykt og kremet. Pisk inn smør og vaniljeessens. Sikt inn mel, kakao, bakepulver og salt og vend inn i blandingen med valnøttene. Vend inn i en godt smurt 20 cm/8 i firkantet kakeform (form). Stek i en forvarmet ovn ved 180°C/350°F/gassmerke 4 i 40–45 minutter til den er spenstig å ta på. La stå i formen i 10 minutter, skjær deretter i firkanter og flytt over på en rist mens den fortsatt er varm.

Sjokolade Fudge Brownies

Gjør ca 16

225 g/8 oz/1 kopp smør eller margarin

175 g/6 oz/¾ kopp granulert sukker

350 g/12 oz/3 kopper selvhevende (selvhevende) mel

30 ml/2 ss kakaopulver (usøtet sjokolade).

For glasuren (frosting):
175 g/6 oz/1 kopp melis (konditorsukker), siktet

30 ml/2 ss kakaopulver (usøtet sjokolade).

Kokende vann

Smelt smøret eller margarinen, og rør deretter inn perlesukkeret. Rør inn mel og kakao. Trykk ut i en foret 18 x 28 cm/7 x 11 i bakeform (form). Stek i en forvarmet ovn ved 180°C/350°F/gassmerke 4 i ca. 20 minutter til den er spenstig å ta på.

For å lage glasuren, sikt melis og kakao i en bolle og tilsett en dråpe kokende vann. Rør til det er godt blandet, tilsett en dråpe eller så mer vann om nødvendig. Is brownies mens de fortsatt er varme (men ikke varme), og la dem avkjøles før du skjærer dem i firkanter.

Valnøtt- og sjokoladebrownies

Gjør 12

50 g/2 oz/½ kopp vanlig (halvsøt) sjokolade

75 g/3 oz/1/3 kopp smør eller margarin

225 g/8 oz/1 kopp strøsukker (superfint).

75 g/3 oz/¾ kopp vanlig (all-purpose) mel

75 g/3 oz/¾ kopp valnøtter, hakket

50 g/2 oz/½ kopp sjokoladebiter

2 egg, pisket

2,5 ml/½ ts vaniljeessens (ekstrakt)

Smelt sjokolade og smør eller margarin i en varmefast bolle satt over en panne med lett kokende vann. Ta av varmen og rør inn de resterende ingrediensene. Hell i en smurt og kledd 20 cm/8 kakeform (form) og stek i en forvarmet ovn ved 180°C/350°F/gassmerke 4 i 30 minutter til et spyd som er satt inn i midten kommer ut rent. La avkjøle i formen, og skjær deretter i firkanter.

Smørbarer

Gjør 16

100 g/4 oz/½ kopp smør eller margarin, myknet

100 g/4 oz/½ kopp strøsukker (superfint).

1 egg, separert

100 g/4 oz/1 kopp vanlig (all-purpose) mel

25 g/1 oz/¼ kopp hakkede blandede nøtter

Rør sammen smør eller margarin og sukker til det er lett og luftig. Bland inn eggeplommen, og rør deretter inn mel og nøtter for å få en ganske stiv blanding. Hvis den er for stiv, tilsett litt melk; hvis den er rennende, rør inn litt mer mel. Hell deigen over i en smurt 30 x 20 cm/12 x 8 i sveitserullform (gelérullform). Pisk eggehviten til den er skummende og fordel utover blandingen. Stek i en forvarmet ovn ved 180°C/350°F/gassmerke 4 i 30 minutter til den er gylden. La avkjøle, og skjær deretter i barer.

Cherry Toffee Traybake

Gjør 12

100 g/4 oz/1 kopp mandler

225 g/8 oz/1 kopp glacé (kandiserte) kirsebær, halvert

225 g/8 oz/1 kopp smør eller margarin, myknet

225 g/8 oz/1 kopp strøsukker (superfint).

3 egg, pisket

100 g/4 oz/1 kopp selvhevende (selvhevende) mel

50 g/2 oz/½ kopp malte mandler

5 ml/1 ts bakepulver

5 ml/1 ts mandelessens (ekstrakt)

Dryss mandler og kirsebær over bunnen av en smurt og kledd 20 cm/8 i kakeform. Smelt 50 g/2 oz/¼ kopp av smøret eller margarinen med 50 g/2 oz/¼ kopp av sukkeret, og hell det over kirsebærene og nøttene. Pisk det resterende smøret eller margarinen og sukkeret til det er lett og luftig, pisk deretter inn eggene og bland inn mel, malte mandler, bakepulver og mandelessens. Hell blandingen i formen og jevn toppen. Stek i en forvarmet ovn ved 160°C/325°F/gassmerke 3 i 1 time. La avkjøle i formen i noen minutter, vend deretter forsiktig over på en rist, skrap eventuelt av toppingen av fôrpapiret. La avkjøle helt før du skjærer.

Chocolate Chip Traybake

Gjør 24

100 g/4 oz/½ kopp smør eller margarin, myknet

100 g/4 oz/½ kopp mykt brunt sukker

50 g/2 oz/¼ kopp strøsukker (superfint).

1 egg

5 ml/1 ts vaniljeessens (ekstrakt)

100 g/4 oz/1 kopp vanlig (all-purpose) mel

2,5 ml/½ ts bikarbonat brus (natron)

En klype salt

100 g/4 oz/1 kopp sjokoladebiter

Rør sammen smør eller margarin og sukker til det er lett og luftig, og tilsett deretter egget og vaniljeessensen gradvis. Rør inn mel, bikarbonat av brus og salt. Rør inn sjokoladebitene. Hell i en smurt og melet 25 cm/12 i firkantet bakeform (panne) og stek i en forvarmet ovn ved 190°C/375°F/gassmerke 2 i 15 minutter til den er gyldenbrun. La avkjøle, og skjær deretter i firkanter.

Kanelsmuldrelag

Gjør 12

For basen:

100 g/4 oz/½ kopp smør eller margarin, myknet

30 ml/2 ss klar honning

2 egg, lett pisket

100 g/4 oz/1 kopp vanlig (all-purpose) mel

Til crumble:

75 g/3 oz/1/3 kopp smør eller margarin

75 g/3 oz/¾ kopp vanlig (all-purpose) mel

75 g/3 oz/¾ kopp havregryn

5 ml/1 ts malt kanel

50 g/2 oz/¼ kopp demerara sukker

Rør sammen smør eller margarin og honning til det er lett og luftig. Pisk inn eggene gradvis, og vend deretter inn melet. Hell halvparten av blandingen i en smurt 20 cm/8 i firkantet kakeform (form) og jevn overflaten.

For å lage crumble, gni smøret eller margarinen inn i melet til blandingen minner om brødsmuler. Rør inn havre, kanel og sukker. Hell halvparten av crumblen i formen, topp deretter med den resterende kakeblandingen, deretter den resterende crumblen. Stek i en forvarmet ovn ved 190°C/375°F/gassmerke 5 i ca. 35 minutter til et spyd som er satt inn i midten kommer rent ut. La avkjøle, og skjær deretter i barer.

Slitte kanelbarer

Gjør 16

225 g/8 oz/2 kopper vanlig (all-purpose) mel

10 ml/2 ts bakepulver

225 g/8 oz/1 kopp mykt brunt sukker

15 ml/1 ss smeltet smør

250 ml/8 fl oz/1 kopp melk

30 ml/2 ss demerara sukker

10 ml/2 ts malt kanel

25 g/1 oz/2 ss smør, avkjølt og i terninger

Bland sammen mel, bakepulver og sukker. Rør inn smeltet smør og melk og bland godt sammen. Trykk blandingen i to 23 cm/9 i firkantede kakeformer (former). Dryss toppene med demerarasukker og kanel, og press deretter smørbiter over overflaten. Stek i en forvarmet ovn ved 180°C/350°F/gassmerke 4 i 30 minutter. Smøret vil lage hull i blandingen og bli klebrig mens den koker.

Kokosbarer

Gjør 16

75 g/3 oz/1/3 kopp smør eller margarin

100 g/4 oz/1 kopp vanlig (all-purpose) mel

30 ml/2 ss rørsukker (superfint).

2 egg

100 g/4 oz/½ kopp mykt brunt sukker

En klype salt

175 g/6 oz/1½ kopper tørket (revet) kokosnøtt

50 g/2 oz/½ kopp hakkede blandede nøtter

Oransje glasur

Gni smøret eller margarinen inn i melet til blandingen minner om brødsmuler. Rør inn sukkeret og trykk ut i en usmurt 23 cm/9 i firkantet bakeform (form). Stek i en forvarmet ovn ved 190°C/350°F/gassmerke 4 i 15 minutter til akkurat stivnet.

Bland sammen egg, brunt sukker og salt, rør deretter inn kokos og nøtter og fordel utover bunnen. Stek i 20 minutter til stivnet og gyllent. Is med appelsinglasur når den er avkjølt. Skjær i barer.

Sandwichbarer med kokos og syltetøy

Gjør 16

25 g/1 oz/2 ss smør eller margarin

175 g/6 oz/1½ kopper selvhevende (selvhevende) mel

225 g/8 oz/1 kopp strøsukker (superfint).

2 eggeplommer

75 ml/5 ss vann

175 g/6 oz/1½ kopper tørket (revet) kokosnøtt

4 eggehviter

50 g/2 oz/½ kopp vanlig (all-purpose) mel

100 g/4 oz/1/3 kopp jordbærsyltetøy (konserver)

Gni smøret eller margarinen inn i det selvhevende melet, og rør deretter inn 50 g/¼ kopp sukker. Pisk sammen eggeplommene og 45 ml/3 ss av vannet og rør inn i blandingen. Trykk inn i bunnen av en smurt 30 x 20 cm/12 x 8 i Swiss Roll-form (gelérullform) og prikk med en gaffel. Stek i en forvarmet ovn ved 180°C/350°F/gassmerke 4 i 12 minutter. La avkjøle.

Ha kokosnøtten, det resterende sukkeret og vannet og en eggehvite i en panne og rør over svak varme til blandingen blir klumpete uten å la den brunes. La avkjøle. Bland inn vanlig mel. Pisk de resterende eggehvitene til de er stive, og vend deretter inn i blandingen. Fordel syltetøyet over bunnen, og smør deretter med kokostoppingen. Stek i ovnen i 30 minutter til de er gyldenbrune. La det avkjøles i formen før du skjærer i skiver.

Daddel- og eplebrettbake

Gjør 12

1 kokende (terte) eple, skrelt, kjernet ut og hakket

225 g/8 oz/11/3 kopper utstenede dadler, hakket

150 ml/¼ pt/2/3 kopp vann

350 g/12 oz/3 kopper havregryn

175 g/6 oz/¾ kopp smør eller margarin, smeltet

45 ml/3 ss demerara sukker

5 ml/1 ts malt kanel

Ha epler, dadler og vann i en panne og la det småkoke i ca 5 minutter til eplene er myke. La avkjøle. Bland sammen havre, smør eller margarin, sukker og kanel. Hell halvparten i en smurt 20 cm/8 i firkantet kakeform (form) og jevn overflaten. Topp med eple- og daddelblandingen, dekk deretter med den resterende havreblandingen og jevn overflaten. Trykk forsiktig ned. Stek i en forvarmet ovn ved 190°C/375°F/gassmerke 5 i ca. 30 minutter til den er gyldenbrun. La avkjøle, og skjær deretter i barer.

Daddelskiver

Gjør 12

225 g/8 oz/11/3 kopper steinede (uthulede) dadler, hakket

30 ml/2 ss klar honning

30 ml/2 ss sitronsaft

225 g/8 oz/1 kopp smør eller margarin

225 g/8 oz/2 kopper fullkornsmel (helhvete).

225 g/8 oz/2 kopper havregryn

75 g/3 oz/1/3 kopp mykt brunt sukker

La dadler, honning og sitronsaft småkoke på svak varme i noen minutter til dadlene er myke. Gni smøret eller margarinen inn i mel og havre til blandingen minner om brødsmuler, og rør deretter inn sukkeret. Hell halvparten av blandingen i en smurt og kledd 20 cm/8 i firkantet kakeform (form). Hell dadelblandingen over toppen, og avslutt med resten av kakeblandingen. Trykk godt ned. Stek i en forvarmet ovn ved 190°C/375°F/gassmerke 5 i 35 minutter til den er spenstig å ta på. La avkjøle i formen, skjær i skiver mens den fortsatt er varm.

Bestemors daddelbarer

Gjør 16

100 g/4 oz/½ kopp smør eller margarin, myknet

225 g/8 oz/1 kopp mykt brunt sukker

2 egg, lett pisket

175 g/6 oz/1½ kopper vanlig (all-purpose) mel

2,5 ml/½ ts bikarbonat brus (natron)

5 ml/1 ts malt kanel

En klype malt nellik

En klype revet muskatnøtt

175 g/6 oz/1 kopp utstenede dadler, hakket

Rør sammen smør eller margarin og sukker til det er lett og luftig. Tilsett eggene gradvis, pisk godt etter hver tilsetning. Rør inn de resterende ingrediensene til de er godt blandet. Hell i en smurt og melet 23 cm/9 i firkantet bakeform (panne) og stek i en forvarmet ovn ved 180°C/350°F/gassmerke 4 i 25 minutter til et spyd som er satt inn i midten kommer rent ut. La avkjøle, og skjær deretter i barer.

Daddel- og havregrynbarer

Gjør 16

175 g/6 oz/1 kopp utstenede dadler, hakket

15 ml/1 ss klar honning

30 ml/2 ss vann

225 g/8 oz/2 kopper fullkornsmel (helhvete).

100 g/4 oz/1 kopp havregryn

100 g/4 oz/½ kopp mykt brunt sukker

150 g/5 oz/2/3 kopp smør eller margarin, smeltet

La dadler, honning og vann småkoke i en liten panne til dadlene er myke. Bland sammen mel, havre og sukker, og bland deretter inn smeltet smør eller margarin. Trykk halvparten av blandingen i en smurt 18 cm/7 i firkantet kakeform (form), dryss over dadelblandingen, topp deretter med resterende havreblanding og trykk forsiktig ned. Stek i en forvarmet ovn ved 180°C/350°F/gassmerke 4 i 1 time til den er fast og gyllen. La avkjøle i formen, skjær i barer mens de fortsatt er varme.

Daddel- og valnøttbarer

Gjør 12

100 g/4 oz/½ kopp smør eller margarin, myknet

150 g/5 oz/2/3 kopp strøsukker (superfint).

1 egg, lett pisket

100 g/4 oz/1 kopp selvhevende (selvhevende) mel

225 g/8 oz/11/3 kopper steinede (uthulede) dadler, hakket

100 g/4 oz/1 kopp valnøtter, hakket

15 ml/1 ss melk (valgfritt)

100 g/4 oz/1 kopp vanlig (halvsøt) sjokolade

Rør sammen smør eller margarin og sukker til det er lett og luftig. Bland inn egget, deretter mel, dadler og valnøtter, tilsett litt av melken hvis blandingen er for stiv. Hell i en smurt 30 x 20 cm/12 x 8 i svisserrullform (gelérullform) og stek i en forvarmet ovn ved 180°C/350°F/gassmerke 4 i 30 minutter til den er spenstig å ta på. La avkjøle.

Smelt sjokoladen i en varmefast bolle over en panne med lett kokende vann. Fordel over blandingen og la avkjøle og stivne. Skjær i barer med en skarp kniv.

Fikenstenger

Gjør 16

225 g/8 oz ferske fiken, hakket

30 ml/2 ss klar honning

15 ml/1 ss sitronsaft

225 g/8 oz/2 kopper fullkornsmel (helhvete).

225 g/8 oz/2 kopper havregryn

225 g/8 oz/1 kopp smør eller margarin

75 g/3 oz/1/3 kopp mykt brunt sukker

La fiken, honning og sitronsaft småkoke på svak varme i 5 minutter. La avkjøles litt. Bland sammen mel og havre, gni deretter inn smøret eller margarinen og rør inn sukkeret. Trykk halvparten av blandingen i en smurt 20 cm/8 i firkantet kakeform (form), og hell deretter fikenblandingen over toppen. Dekk med resten av kakeblandingen og trykk godt ned. Stek i en forvarmet ovn ved 180°C/350°F/gassmerke 4 i 30 minutter til den er gyldenbrun. La stå i formen til avkjøling, og skjær deretter i skiver mens den fortsatt er varm.

Flapjacks

Gjør 16

75 g/3 oz/1/3 kopp smør eller margarin

50 g/2 oz/3 ss gylden (lys mais) sirup

100 g/4 oz/½ kopp mykt brunt sukker

175 g/6 oz/1½ kopper havregryn

Smelt smøret eller margarinen med sirup og sukker, og rør deretter inn havren. Trykk inn i en smurt 20 cm/8 i firkantet form og stek i en forvarmet ovn ved 180°C/350°F/gassmerke 4 i ca. 20 minutter til den er lett gylden. La avkjøle litt før du skjærer i stykker, la deretter stå i formen til avkjøling helt før du vender ut.

Cherry Flapjacks

Gjør 16

75 g/3 oz/1/3 kopp smør eller margarin

50 g/2 oz/3 ss gylden (lys mais) sirup

100 g/4 oz/½ kopp mykt brunt sukker

175 g/6 oz/1½ kopper havregryn

100 g/4 oz/1 kopp glacé (kandiserte) kirsebær, hakket

Smelt smøret eller margarinen med sirup og sukker, og rør deretter inn havre og kirsebær. Trykk inn i en smurt 20 cm/8 i firkantet kakeform (form) og stek i en forvarmet ovn ved 180°C/350°F/gassmerke 4 i ca. 20 minutter til den er lett gylden. La avkjøle litt før du skjærer i stykker, la deretter stå i formen til avkjøling helt før du vender ut.

Sjokolade Flapjacks

Gjør 16

75 g/3 oz/1/3 kopp smør eller margarin

50 g/2 oz/3 ss gylden (lys mais) sirup

100 g/4 oz/½ kopp mykt brunt sukker

175 g/6 oz/1½ kopper havregryn

100 g/4 oz/1 kopp sjokoladebiter

Smelt smøret eller margarinen med sirup og sukker, og rør deretter inn havre og sjokoladebiter. Trykk inn i en smurt 20 cm/8 i firkantet kakeform (form) og stek i en forvarmet ovn ved 180°C/350°F/gassmerke 4 i ca. 20 minutter til den er lett gylden. La avkjøle litt før du skjærer i stykker, la deretter stå i formen til avkjøling helt før du vender ut.

Frukt Flapjacks

Gjør 16

75 g/3 oz/1/3 kopp smør eller margarin

100 g/4 oz/½ kopp mykt brunt sukker

50 g/2 oz/3 ss gylden (lys mais) sirup

175 g/6 oz/1½ kopper havregryn

75 g/3 oz/½ kopp rosiner, sultanas eller annen tørket frukt

Smelt smøret eller margarinen med sukkeret og sirupen, og rør deretter inn havre og rosiner. Trykk inn i en smurt 20 cm/8 i firkantet kakeform (form) og stek i en forvarmet ovn ved 180°C/350°F/gassmerke 4 i ca. 20 minutter til den er lett gylden. La avkjøle litt før du skjærer i stykker, la deretter stå i formen til avkjøling helt før du vender ut.

Frukt og nøtter Flapjacks

Gjør 16

75 g/3 oz/1/3 kopp smør eller margarin

100 g/4 oz/1/3 kopp klar honning

50 g/2 oz/1/3 kopp rosiner

50 g/2 oz/½ kopp valnøtter, hakket

175 g/6 oz/1½ kopper havregryn

Smelt smøret eller margarinen med honningen på lav varme. Rør inn rosiner, valnøtter og havre og bland godt sammen. Hell i en smurt 23 cm/9 i firkantet kakeform (form) og stek i en forvarmet ovn ved 180°C/350°F/gassmerke 4 i 25 minutter. La avkjøle i formen, skjær i barer mens de fortsatt er varme.

Ginger Flapjacks

Gjør 16

75 g/3 oz/1/3 kopp smør eller margarin

100 g/4 oz/½ kopp mykt brunt sukker

50 g/2 oz/3 ss sirup fra en krukke med stilk ingefær

175 g/6 oz/1½ kopper havregryn

4 stykker stilk ingefær, finhakket

Smelt smøret eller margarinen med sukker og sirup, og rør deretter inn havre og ingefær. Trykk inn i en smurt 20 cm/8 i firkantet kakeform (form) og stek i en forvarmet ovn ved 180°C/350°F/gassmerke 4 i ca. 20 minutter til den er lett gylden. La avkjøle litt før du skjærer i stykker, la deretter stå i formen til avkjøling helt før du vender ut.

Nutty Flapjacks

Gjør 16

75 g/3 oz/1/3 kopp smør eller margarin

50 g/2 oz/3 ss gylden (lys mais) sirup

100 g/4 oz/½ kopp mykt brunt sukker

175 g/6 oz/1½ kopper havregryn

100 g/4 oz/1 kopp hakkede blandede nøtter

Smelt smøret eller margarinen med sirup og sukker, og rør deretter inn havre og nøtter. Trykk inn i en smurt 20 cm/8 i firkantet kakeform (form) og stek i en forvarmet ovn ved 180°C/350°F/gassmerke 4 i ca. 20 minutter til den er lett gylden. La avkjøle litt før du skjærer i stykker, la deretter stå i formen til avkjøling helt før du vender ut.

Sharp Sitron Shortbreads

Gjør 16

100 g/4 oz/1 kopp vanlig (all-purpose) mel

100 g/4 oz/½ kopp smør eller margarin, myknet

75 g/3 oz/½ kopp melis (konditorsukker), siktet

2,5 ml/½ ts bakepulver

En klype salt

30 ml/2 ss sitronsaft

10 ml/2 ts revet sitronskall

Bland sammen mel, smør eller margarin, melis og bakepulver. Trykk inn i en smurt 23 cm/9 i firkantet kakeform (form) og stek i en forvarmet ovn ved 180°C/350°F/gassmerke 4 i 20 minutter.

Bland sammen de resterende ingrediensene og pisk til det er lett og luftig. Hell over den varme bunnen, reduser ovnstemperaturen til 160°C/325°F/gassmerke 3 og sett tilbake i ovnen i ytterligere 25 minutter til den er fjærende å ta på. La avkjøle, og skjær deretter i firkanter.

Mokka- og kokosnøttruter

Gjør 20

1 egg

100 g/4 oz/½ kopp strøsukker (superfint).

100 g/4 oz/1 kopp vanlig (all-purpose) mel

10 ml/2 ts bakepulver

En klype salt

75 ml/5 ss melk

75 g/3 oz/1/3 kopp smør eller margarin, smeltet

15 ml/1 ss kakaopulver (usøtet sjokolade).

2,5 ml/½ ts vaniljeessens (ekstrakt)

For toppingen:
75 g/3 oz/½ kopp melis (konditorsukker), siktet

50 g/2 oz/¼ kopp smør eller margarin, smeltet

45 ml/3 ss varm sterk svart kaffe

15 ml/1 ss kakaopulver (usøtet sjokolade).

2,5 ml/½ ts vaniljeessens (ekstrakt)

25 g/1 oz/¼ kopp tørket (revet) kokosnøtt

Pisk sammen egg og sukker til det er lett og luftig. Rør inn mel, bakepulver og salt vekselvis med melk og smeltet smør eller margarin. Rør inn kakao og vaniljeessens. Hell blandingen i en smurt 20 cm/8 i firkantet kakeform (panne) og stek i en forvarmet ovn ved 200°C/400°F/gassmerke 6 i 15 minutter til den er godt hevet og fjærende å ta på.

For å lage toppingen blander du sammen melis, smør eller margarin, kaffe, kakao og vaniljeessens. Fordel over den varme kaken og strø over kokos. La avkjøle i formen, vend deretter ut og skjær i firkanter.

Hei Dolly Cookies

Gjør 16

100 g/4 oz/½ kopp smør eller margarin

100 g/4 oz/1 kopp digestive kjeks

(Graham cracker) smuler

100 g/4 oz/1 kopp sjokoladebiter

100 g/4 oz/1 kopp tørket (revet) kokosnøtt

100 g/4 oz/1 kopp valnøtter, hakket

400 g/14 oz/1 stor boks kondensert melk

Smelt smøret eller margarinen og rør inn kjekssmulene. Trykk blandingen inn i bunnen av en smurt og foliekledd 28 x 18 cm/11 x 7 i kakeform (form). Dryss over sjokoladebitene, deretter kokosnøtten og til slutt valnøttene. Hell den kondenserte melken over toppen og stek i en forvarmet ovn ved 180°C/350°F/gassmerke 4 i 25 minutter. Skjær i barer mens de fortsatt er varme, og la dem avkjøles helt.

Kokosbarer med nøtter og sjokolade

Gjør 12

75 g/3 oz/¾ kopp melkesjokolade

75 g/3 oz/¾ kopp vanlig (halvsøt) sjokolade

75 g/3 oz/1/3 kopp crunchy peanøttsmør

75 g/3 oz/¾ kopp digestive kjeks (Graham cracker) smuler

75 g/3 oz/¾ kopp valnøtter, knust

75 g/3 oz/¾ kopp tørket (revet) kokosnøtt

75 g/3 oz/¾ kopp hvit sjokolade

Smelt melkesjokoladen i en varmefast bolle over en panne med lett kokende vann. Fordel over bunnen av en 23 cm/7 i firkantet kakeform (form) og la stivne.

Smelt vanlig sjokolade og peanøttsmør forsiktig over svak varme, og rør deretter inn kjekssmuler, valnøtter og kokos. Fordel over den sette sjokoladen og avkjøl til den er stivnet.

Smelt den hvite sjokoladen i en varmefast bolle over en panne med lett kokende vann. Drypp over kjeksen i et mønster, og la det stivne før du skjærer dem i barer.

Nutty firkanter

Gjør 12

75 g/3 oz/¾ kopp vanlig (halvsøt) sjokolade

50 g/2 oz/¼ kopp smør eller margarin

100 g/4 oz/½ kopp strøsukker (superfint).

2 egg

5 ml/1 ts vaniljeessens (ekstrakt)

75 g/3 oz/¾ kopp vanlig (all-purpose) mel

2,5 ml/½ ts bakepulver

100 g/4 oz/1 kopp hakkede blandede nøtter

Smelt sjokoladen i en varmefast bolle over en panne med lett kokende vann. Rør inn smøret til det smelter, og rør deretter inn sukkeret. Ta av varmen og pisk inn egg og vaniljeessens. Bland inn mel, bakepulver og nøtter. Hell blandingen i en smurt 25 cm/10 i firkantet kakeform (panne) og stek i en forvarmet ovn ved 180°C/350°F/gassmerke 4 i 15 minutter til den er gylden. Skjær i små firkanter mens de fortsatt er varme.

Appelsin Pecan skiver

Gjør 16

375 g/13 oz/3¼ kopper vanlig (all-purpose) mel

275 g/10 oz/1¼ kopper strøsukker (superfint).

5 ml/1 ts bakepulver

75 g/3 oz/1/3 kopp smør eller margarin

2 egg, pisket

175 ml/6 fl oz/¾ kopp melk

200 g/7 oz/1 liten boks mandariner, drenert og grovhakket

100 g/4 oz/1 kopp pekannøtter, hakket

Finrevet skall av 2 appelsiner

10 ml/2 ts malt kanel

Bland sammen 325 g/12 oz/3 kopper av melet, 225 g/8 oz/1 kopp av sukkeret og bakepulveret. Smelt 50 g/2 oz/¼ kopp av smøret eller margarinen og rør inn eggene og melken. Bland væsken forsiktig inn i de tørre ingrediensene til den er jevn. Vend inn mandariner, pekannøtter og appelsinskall. Hell over i en smurt og kledd 30 x 20 cm/12 x 8 i bakeform (form). Gni sammen resterende mel, sukker, smør og kanel og dryss over kaken. Stek i en forvarmet ovn ved 180°C/350°F/gassmerke 4 i 40 minutter til den er gylden. La avkjøle i formen, og skjær deretter i ca 16 skiver.

Parkin

Gir 16 ruter

100 g/4 oz/½ kopp smult (forkorting)

100 g/4 oz/½ kopp smør eller margarin

75 g/3 oz/1/3 kopp mykt brunt sukker

100 g/4 oz/1/3 kopp gylden (lys mais) sirup

100 g/4 oz/1/3 kopp svart sirup (melasse)

10 ml/2 ts bikarbonat brus (natron)

150 ml/¼ pt/2/3 kopp melk

225 g/8 oz/2 kopper fullkornsmel (helhvete).

225 g/8 oz/2 kopper havregryn

10 ml/2 ts malt ingefær

2,5 ml/½ ts salt

Smelt sammen smult, smør eller margarin, sukker, sirup og sirup i en panne. Løs opp bikarbonaten av brus i melken og rør inn i pannen med de resterende ingrediensene. Hell i en smurt og foret 20 cm/8 i firkantet kakeform (form) og stek i en forvarmet ovn ved 160°C/325°F/gassmerke 3 i 1 time til den er stiv. Det kan synke på midten. La avkjøle, og oppbevar deretter i en lufttett beholder i noen dager før du skjærer i firkanter og serverer.

Peanøttsmørbarer

Gjør 16

100 g/4 oz/1 kopp smør eller margarin

175 g/6 oz/1¼ kopper vanlig (all-purpose) mel

175 g/6 oz/¾ kopp mykt brunt sukker

75 g/3 oz/1/3 kopp peanøttsmør

En klype salt

1 liten eggeplomme, pisket

2,5 ml/½ ts vaniljeessens (ekstrakt)

100 g/4 oz/1 kopp vanlig (halvsøt) sjokolade

50 g/2 oz/2 kopper puffet risblanding

Gni smøret eller margarinen inn i melet til blandingen minner om brødsmuler. Rør inn sukkeret, 30 ml/ 2 ss peanøttsmøret og saltet. Rør inn eggeplomme og vaniljeessens og bland til det er godt blandet. Trykk ut i en 25 cm/10 i firkantet kakeform (form). Stek i en forvarmet ovn ved 160°C/325°F/gassmerke 3 i 30 minutter til den er hevet og spenstig å ta på.

Smelt sjokoladen i en varmefast bolle over en panne med lett kokende vann. Ta av varmen og rør inn resten av peanøttsmøret. Rør inn frokostblandingen og bland godt til sjokoladeblandingen er belagt. Hell over kaken og jevn overflaten. La avkjøles, avkjøl og skjær i skiver.

Piknikskiver

Gjør 12

225 g/8 oz/2 kopper vanlig (halvsøt) sjokolade

50 g/2 oz/¼ kopp smør eller margarin, myknet

100 g/4 oz/½ kopp rørsukker

1 egg, lett pisket

100 g/4 oz/1 kopp tørket (revet) kokosnøtt

50 g/2 oz/1/3 kopp sultanas (gyldne rosiner)

50 g/2 oz/¼ kopp glacé (kandiserte) kirsebær, hakket

Smelt sjokoladen i en varmefast bolle over en panne med lett kokende vann. Hell i bunnen av en smurt og kledd 30 x 20 cm/12 x 8 i svissrullform (gelérullform). Rør sammen smør eller margarin og sukker til det er lett og luftig. Tilsett egget gradvis, og bland deretter inn kokos, sultanas og kirsebær. Fordel over sjokoladen og stek i en forvarmet ovn ved 150°C/300°F/gassmerke 3 i 30 minutter til den er gyldenbrun. La avkjøle, og skjær deretter i barer.

Ananas og kokos barer

Gjør 20

1 egg

100 g/4 oz/½ kopp strøsukker (superfint).

75 g/3 oz/¾ kopp vanlig (all-purpose) mel

5 ml/1 ts bakepulver

En klype salt

75 ml/5 ss vann

For toppingen:
200 g/7 oz/1 liten boks ananas, drenert og hakket

25 g/1 oz/2 ss smør eller margarin

50 g/2 oz/¼ kopp strøsukker (superfint).

1 eggeplomme

25 g/1 oz/¼ kopp tørket (revet) kokosnøtt

5 ml/1 ts vaniljeessens (ekstrakt)

Pisk sammen egg og sukker til det er lyst og blekt. Bland inn mel, bakepulver og salt vekselvis med vannet. Hell i en smurt og melet 18 cm/7 i firkantet kakeform (form) og stek i en forvarmet ovn ved 200°C/400°F/gassmerke 6 i 20 minutter til den er godt hevet og fjærende å ta på. Hell ananasen over den varme kaken. Varm de resterende toppingingrediensene i en liten panne over lav varme, rør kontinuerlig til den er godt blandet uten å la blandingen koke. Hell over ananasen, og sett kaken tilbake i ovnen i ytterligere 5 minutter til toppingen blir gyllenbrun. La avkjøle i formen i 10 minutter, og vend deretter ut på en rist for å avslutte avkjøling før du skjærer i barer.

Plommegjærkake

Gjør 16

15 g/½ oz fersk gjær eller 20 ml/4 ts tørket gjær

50 g/2 oz/¼ kopp strøsukker (superfint).

150 ml/¼ pt/2/3 kopp varm melk

50 g/2 oz/¼ kopp smør eller margarin, smeltet

1 egg

1 eggeplomme

250 g/9 oz/2¼ kopper vanlig (all-purpose) mel

5 ml/1 ts finrevet sitronskall

675 g/1½ lb plommer, delt i kvarte og steinet (uthulet)

Glasur (konditorers) sukker, siktet, til støv

Malt kanel

Bland gjæren med 5 ml/1 ts av sukkeret og litt av den varme melken og la stå på et lunt sted i 20 minutter til det er skummende. Pisk det resterende sukkeret og melken med smeltet smør eller margarin, egget og eggeplommen. Bland sammen mel og sitronskall i en bolle og lag en fordypning i midten. Pisk inn gjærblandingen og eggeblandingen gradvis til en myk deig. Pisk til deigen er veldig jevn og det begynner å danne seg bobler på overflaten. Trykk forsiktig inn i en smurt og melet 25 cm/10 i firkantet kakeform (form). Plasser plommene tett sammen over toppen av deigen. Dekk til med oljet klamfilm (plastfolie) og la stå på et lunt sted i 1 time til dobbel størrelse. Sett inn i en forvarmet ovn ved 200°C/400°F/gassmerke 6, reduser deretter ovnstemperaturen umiddelbart til 190°C/375°F/gassmerke 5 og stek i 45 minutter. Reduser ovnstemperaturen igjen til 180°C/350°F/gassmerke 4 og stek i ytterligere 15 minutter til den er gyldenbrun. Dryss kaken med melis og kanel mens den fortsatt er varm, la den avkjøles og skjær den i firkanter.

Amerikanske gresskarbarer

Gjør 20

2 egg

175 g/6 oz/¾ kopp strøsukker (superfint).

120 ml/4 fl oz/½ kopp olje

225 g/8 oz kokt gresskar i terninger

100 g/4 oz/1 kopp vanlig (all-purpose) mel

5 ml/1 ts bakepulver

5 ml/1 ts malt kanel

2,5 ml/½ ts bikarbonat brus (natron)

50 g/2 oz/1/3 kopp sultanas (gyldne rosiner)

Kremosteglasur

Pisk eggene til de er lett og luftige, pisk deretter inn sukker og olje og rør inn gresskaret. Pisk inn mel, bakepulver, kanel og bikarbonat til det er godt blandet. Rør inn sultanas. Hell blandingen i en smurt og melet 30 x 20 cm/12 x 8 i sveitserullform (gelérullform) og stek i en forvarmet ovn ved 180°C/350°F/gassmerke 4 i 30 minutter til et spyd stikker inn i midten kommer rent ut. La det avkjøles, fordel deretter med kremostglasur og kutt i barer.

Kvede og mandelstenger

Gjør 16

450 g/1 lb kveder

50 g/2 oz/¼ kopp smult (avkorting)

50 g/2 oz/¼ kopp smør eller margarin

100 g/4 oz/1 kopp vanlig (all-purpose) mel

30 ml/2 ss rørsukker (superfint).

Ca 30 ml/2 ss vann

For fyllet:
75 g/3 oz/1/3 kopp smør eller margarin, myknet

100 g/4 oz/½ kopp strøsukker (superfint).

2 egg

Noen dråper mandelessens (ekstrakt)

100 g/4 oz/1 kopp malte mandler

25 g/1 oz/¼ kopp vanlig (all-purpose) mel

50 g/2 oz/½ kopp flakformede mandler

Skrell, kjerne kjernen og skjær kvedene i tynne skiver. Legg i en panne og bare dekk med vann. Kok opp og la det småkoke i ca 15 minutter til det er mykt. Tøm av overflødig vann.

Gni smult og smør eller margarin inn i melet til blandingen minner om brødsmuler. Rør inn sukkeret. Tilsett akkurat nok vann til å blandes til en myk deig, kjevle deretter ut på en lett melet overflate og bruk til å kle bunnen og sidene av en 30 x 20 cm/12 x 8 i sveitserullform (gelérullform). Prikk det hele med en gaffel. Bruk en hullsleiv og legg kvedene over deigen.

Rør sammen smør eller margarin og sukker, og pisk deretter inn egg og mandelessens gradvis. Vend inn malte mandler og mel og øs over kvedene. Dryss de oppskårne mandlene over toppen og stek i en forvarmet ovn ved 180°C/350°F/gassmerke 4 i 45 minutter til den er fast og gyllenbrun. Skjær i firkanter når de er avkjølt.

Rosinbarer

Gjør 12

175 g/6 oz/1 kopp rosiner

250 ml/8 fl oz/1 kopp vann

75 ml/5 ss olje

225 g/8 oz/1 kopp strøsukker (superfint).

1 egg, lett pisket

200 g/7 oz/1¾ kopper vanlig (all-purpose) mel

1,5 ml/¼ ts salt

5 ml/1 ts bikarbonat brus (natron)

5 ml/1 ts malt kanel

2,5 ml/½ ts revet muskatnøtt

2,5 ml/½ ts malt allehånde

En klype malt nellik

50 g/2 oz/½ kopp sjokoladebiter

50 g/2 oz/½ kopp valnøtter, hakket

30 ml/2 ss melis (konditorsukker), siktet

Kok opp rosinene og vann, tilsett deretter oljen, ta av varmen og la avkjøle litt. Rør inn melis og egg. Bland sammen mel, salt, bikarbonat av brus og krydder. Bland med rosinblandingen, og rør deretter inn sjokoladebiter og valnøtter. Hell i en smurt 30 cm/12 i firkantet kakeform (form) og stek i en forvarmet ovn ved 190°C/375°F/gassmerke 5 i 25 minutter til kaken begynner å krympe bort fra sidene av formen. La avkjøle før du drysser med melis og skjærer i barer.

Bringebærhavrefirkanter

Gjør 12

175 g/6 oz/¾ kopp smør eller margarin

225 g/8 oz/2 kopper selvhevende (selvhevende) mel

5 ml/1 ts salt

175 g/6 oz/1½ kopper havregryn

175 g/6 oz/¾ kopp strøsukker (superfint).

300 g/11 oz/1 medium boks bringebær, drenert

Gni inn smøret eller margarinen i melet og saltet, og rør deretter inn havre og sukker. Trykk halvparten av blandingen i en smurt 25 cm/10 i firkantet bakeform (form). Strø bringebærene over toppen og dekk med resten av blandingen, trykk godt ned. Stek i en forvarmet ovn ved 200°C/400°F/gassmerke 6 i 20 minutter. La avkjøle litt i formen før du skjærer i firkanter.

CPSIA information can be obtained
at www.ICGtesting.com
Printed in the USA
BVHW091920160822
644714BV00009B/686